A ESTRUTURA DA HISTERIA
em
Madame Bovary

USP UNIVERSIDADE DE SÃO PAULO

Reitor Adolpho José Melfi
Vice-reitor Hélio Nogueira da Cruz

edusp EDITORA DA UNIVERSIDADE DE SÃO PAULO

Diretor-presidente Plinio Martins Filho

COMISSÃO EDITORIAL
Presidente José Mindlin
Vice-Presidente Oswaldo Paulo Forattini
Brasílio João Sallum Júnior
Carlos Alberto Barbosa Dantas
Guilherme Leite da Silva Dias
Laura de Mello e Souza
Murillo Marx
Plinio Martins Filho

Diretora Editorial Silvana Biral
Diretora Comercial Eliana Urabayashi
Diretora Administrativa Angela Maria Conceição Torres
Editora-assistente Marilena Vizentin

Sérgio Scotti

A ESTRUTURA DA HISTERIA
em
Madame Bovary

© 2003 Casa do Psicólogo Livraria e Editora Ltda.
É proibida a reprodução total ou parcial desta publicação, para qualquer finalidade, sem autorização por escrito dos editores.

1ª Edição
2003

Editores
Ingo Bernd Guntert e Silésia Delphino Tosi

Produção Gráfica & Editoração Eletrônica
Renata Vieira Nunes

Ilustração da Capa
Edvard Munch, A Madona – 1884-5

Capa
Renata Vieira Nunes

Revisão de Texto
Silvia Bovino

Revisão Gráfica
Tereza Harumi Kikuchi

Dados Internacionais de Catalogação na Publicação (CIP)
(Câmara Brasileira do Livro, SP, Brasil)

Scotti, Sérgio
   A Estrutura da Histeria em Madame Bovary / Sérgio Scotti.
São Paulo: Casa do Psicólogo®: Editora da Universidade de São Paulo, 2003.

   Bibliografia.
   ISBN 85-7396-237-2 (Casa do Psicólogo)
   ISBN 85-314-0791-5 (EDUSP)

   1. Flaubert, Gustave, 1821-1880. Madame Bovary – Crítica e interpretação 2. Histeria na literatura 3. Psicanálise I. Título.

03-3313   CDD-150.195

Índices para catálogo sistemático:
1. Histeria: Psicanálise: Psicologia   150.195

Impresso no Brasil
Printed in Brazil

Reservados todos os direitos de publicação em língua portuguesa à

Casa do Psicólogo® Livraria e Editora Ltda.
Rua Mourato Coelho, 1.059 – Vila Madalena – CEP 05417-011 – São Paulo/SP – Brasil
Tel.: (11) 3034.3600 – E-mail: casadopsicologo@casadopsicologo.com.br
http://www.casadopsicologo.com.br

Edusp – Editora da Universidade de São Paulo
Av. Prof. Luciano Gualberto, Travessa J, 374 – 6º andar – Ed. da Antiga Reitoria
Cidade Universitária – 05508-900 – São Paulo – SP – Brasil
Fax (0xx11) 3091-4151 Tel. 0xx11) 3091-4008/3091-4150
www.usp.br/edusp – e-mail: edusp@edu.usp.br
Foi feito o depósito legal

Para meus filhos: Alexandre, Gabriel e Ricardo

Sumário

Prefácio 9

Introdução 11

Madame Bovary e a histeria 33

A histeria em Freud 37

Lacan: O outro e a castração em *Madame Bovary* 45

Madame Bovary e a metáfora paterna 65

O pai na histeria: metáfora ou metonímia? 97

Madame Bovary e a fome de objetos 133

O renascimento da paixão de Madame Bovary 157

A ESTRUTURA DA HISTERIA em Madame Bovary

Madame Bovary: O desejo perpétuo 203

Conclusão: Fim da histó(e)ria? 223

Referências bibliográficas 235

Prefácio

Madame Bovary é um dos grandes textos formadores de nosso imaginário contemporâneo. Juntamente com a obra de Shakeaspeare, Dante, Goethe,Cervantes, Machado de Assis e alguns outros, este romance de Flaubert tem tido uma força muito especial de atração, levando particularmente os psicanalistas a se debruçarem sobre ele com dedicação e maravilhamento. Eis o que vemos na obra de Sérgio Scotti, "A ESTRUTURA DA HISTERIA EM Madame Bovary", inicialmente concebida como tese de doutorado em Psicologia Clínica, defendida na Universidade de São Paulo em 1998. Uma pergunta se coloca de saída, com as primeiras palavras da Introdução, ou seja, nos intriga a impossibilidade de saber se o autor escolheu seu tema ou... o que nos parece mais convincente (e o leitor verá porque), Madame Bovary foi quem escolheu o autor? Impossível responder com certeza. O fato é que Sérgio Scotti faz do texto de Flaubert um estudo de caso onde se propõe ao desmontar a estrutura do romance e da personagem para nos mostrar os contornos salientes e os desenhos vivos da estrutura histérica: perpetuamente instável, sempre alhures, sempre a espera, sempre insatisfeita. Não foi

A ESTRUTURA DA HISTERIA em Madame Bovary

por acaso e nem tampouco sem conseqüências que tudo na Psicanálise começou com as histéricas. As célebres histéricas de Freud que o convenceram a levá-las a sério, a escutá-las e desta forma criar a psicanálise como método para tratar aquilo que havia de patológico em seu desejo insatisfeito. Porque justamente aquilo que o autor aqui nos leva a perceber é esta verdade que a clínica nos põe todos os dias: o desejo é sempre insatisfeito, mas não necessariamente neurótico.

A pesquisa que ora vem a público apresenta o grande mérito de não ser apenas mais uma reflexão psicanalítica sobre a heroína de Flaubert. Aqui Sérgio Scotti foi muito feliz ao conseguir trazer o texto vivo, deixando transparecer toda a trivialidade e banalidade desta história comum, como são comuns todas as histórias da Clínica Psicanalítica. As desventuras desta pequena provinciana frustrada, envolvida em adultérios e atolada em dívidas, sempre em busca de algo impossível, vai sendo analisada, passo a passo, com os instrumentos da clínica, com critério e rigor, levando o leitor a se aproximar da Psicanálise naquilo que ela tem de mais autêntico e de mais real: todo processo analítico é uma tentativa de se tratar o impossível (impossível de ser suportado do Real) através da palavra, do Simbólico e ainda... toda verdade de uma história de vida, tem sempre a estrutura da ficção.

Elisabeth Saporiti

Introdução

> O temor ao erro é o erro mesmo;
> com efeito, o temor ao erro é o
> temor à verdade.
>
> (Hegel)

Realizar um trabalho como este teve como motivo tanto o interesse acadêmico, que exige do professor o contínuo aperfeiçoamento e desenvolvimento de um saber que se atrela ao título e às regras da produção universitária, quanto um desejo íntimo e pessoal de nos aprofundarmos no estudo da clínica, que nos acompanha desde a dissertação de mestrado[1].

Muito tempo se passou, alguma análise se fez, e o interesse, ou mesmo, o desconcerto que as leituras de Jacques Lacan nos provocaram aguçou-nos o desejo de retomar o estudo da clínica, só que, então, na dimensão analista-analisante.

---

1. SCOTTI, S. *Análise do discurso terapêutico – Abordagens laboviana e rogeriana.* Dissertação de mestrado apresentada ao Departamento de Letras no Curso de Pós-Graduação em Lingüística da UFSC, em 1987.

A ESTRUTURA DA HISTERIA em Madame Bovary

Nossa experiência clínica se deu principalmente com pacientes histéricas, fato ao qual não podemos atribuir qualquer razão precisa, a não ser levantar algumas conjeturas, tais como a maior disponibilidade das mulheres para procurar ajuda psicológica ou, como é próprio da histeria, porque estão sempre em busca de um mestre. O fato é que não faltaram pacientes histéricas, assim como não faltaram também alguns histéricos, que, pela particularidade de seu vínculo transferencial, já dissemos, procuram colocar o analista no lugar do mestre, sobre o qual querem reinar. Essa particularidade do vínculo transferencial histérico, que cria toda a sorte de dificuldades para a análise e que é, ao mesmo tempo, o próprio motor da análise, sem o qual não há sequer análise, foi o que, de início, nos mobilizou a querer estudar a própria transferência. Mas, enquanto pensávamos na maneira pela qual iríamos abordar a questão da transferência, caiu-nos nas mãos um exemplar de *Madame Bovary*. E, enquanto reescrevíamos esta introdução, a qual, como se diz, é a última coisa que se escreve num trabalho, nos demos conta de que talvez tenha sido por uma identificação a Flaubert, o autor do romance, que tenhamos nos interessado pela obra e pela histérica que ela revela: uma identificação que nos permitiria entender melhor tanto a própria histeria quanto o vínculo transferencial que ela suscita e, quem sabe, a nossa própria histeria, pois, como lembraremos algumas vezes no decorrer deste trabalho, Flaubert dizia: "*Madame Bovary c'est moi, pour moi*"[2].

Nosso primeiro contato, então, com a obra mais famosa de Gustave Flaubert, *Madame Bovary*, se deu de forma totalmente desinteressada, diletante mesmo. Logo após a leitura do romance, surgiu a oportunidade de assistirmos ao filme homônimo, cuja personagem central é interpretada por Jenniffer Jones[3].

Imediatamente após o término da fita, surpreendeu-nos e intrigou-nos não tanto a personagem principal, mas outra, também fundamental para a trama: o marido traído, Charles Bovary.

---

2. "Madame Bovary sou eu, por mim mesmo" (a tradução é nossa).
3. Fita com a direção de Vincent Minelli, cujo elenco ainda contava com Van Heflin, Louis Jourdan e James Mason, este interpretando Flaubert.

Sérgio Scotti

Chamou-nos a atenção, durante o transcorrer de toda a história, a forma complacente com que Charles encarava as aventuras e desventuras de sua mulher, a começar pelos gastos excessivos de Emma, que não eram questionados, passando pelos casos amorosos, que ficavam cada vez mais evidentes, até os momentos em que Charles, praticamente, jogava Emma nos braços de seus amantes.

Poderíamos apaziguar nossa estranheza justificando-a com a necessidade de o autor criar situações que favorecessem o enredo, ou, ainda, atribuindo a Charles uma ingenuidade estrondosa ou um amor incondicional.

Não nos parece que se possa justificar assim a atitude de Charles, cuja complacência chega a nos parecer patológica, pois, de certa forma, até favoreceu as circunstâncias que culminaram no trágico desfecho da história.

Ainda em meio a essas cavilações, um texto de Freud de 1910, *Sobre um tipo especial de eleição de objeto nos homens*, nos deu os subsídios para uma melhor compreensão da personagem. Nesse texto, Freud, após haver reconhecido a sensibilidade dos poetas ao descreverem as condições eróticas que levam os homens a escolher seus objetos de amor, descreve um tipo de homem que, ao escolher seu objeto erótico, impõe a essa escolha certas condições. A primeira delas é a de que a mulher já pertença a outro homem, ou seja, que haja um terceiro prejudicado. Como segunda condição, Freud diz desses homens que eles preferem mulheres "sexualmente suspeitas", desde a prostituta até aquelas que, sutilmente, flertam. Quanto ao comportamento desses homens em relação à mulher amada, Freud destaca o ciúme, a extrema valorização do objeto amado e a tendência a "salvar" a virtude da mulher amada, tendência que pode manifestar-se de diversas formas, tal como por intermédio de um filho que esse homem desejará dar à sua amada.

Freud interpreta a escolha de objeto desses homens como produto do complexo de Édipo, no qual o menino, ao descobrir a prática sexual dos pais, passa a ver a mãe como uma decaída, que o trai com o pai. Dessa percepção dolorosa decorre o desejo in-

A ESTRUTURA DA HISTERIA em Madame Bovary

tensificado e, portanto, justificado de tomar o lugar do pai e de salvar a mãe, dando-lhe um filho. No fim do artigo citado, Freud lembra que essas características todas aparecem, plenamente desenvolvidas, só em tipos extremos e que a maioria dos indivíduos apresenta somente alguns traços isolados e de forma não muito evidente.

Embora creiamos que a própria história o mostre, parece-nos, pelos motivos que se seguem, que Charles Bovary é um desses homens. Emma não estava comprometida com ninguém, mas pertencia a seu pai, que, ademais, já era viúvo havia alguns anos. Charles era ainda casado quando prolongou suas visitas ao pai de Emma, embora aquele já tivesse sarado da perna quebrada – Charles era oficial de medicina. O motivo era ver Emma, que aceitava o *flirt*.

Quanto ao comportamento de Charles, quando já está casado com Emma, não há como não perceber o devotamento à sua mulher, mesmo quando esta, sutil ou descaradamente, o trai. Além do filho com que ele tenta salvá-la, Charles Bovary está sempre buscando salvar a mulher amada, seja do suicídio, seja das amarguras provocadas pelas decepções com os amantes, seja, ainda, das más línguas, permanecendo devotado e fiel.

Mas, à medida que nosso interesse por Charles crescia, cresciam também nossos questionamentos a respeito de Emma Bovary. Foi-se-nos afigurando que a personagem e toda a história poderiam servir de pretexto e ilustração para um estudo, em profundidade, da histeria enquanto categoria clínica.

Com a esperança de que, mais adiante, possamos relacionar de forma mais clara, analiticamente falando, as duas personagens, trata-se, neste trabalho, de descobrir a estrutura da histeria no romance de Gustave Flaubert, *Madame Bovary*. Por conseguinte, impõe-se a questão: quem é Madame Bovary? É ela uma histérica?

Madame Bovary ou Emma Bovary é a personagem do romance que Flaubert levou cinco anos para compor, no qual buscava, de forma obsessiva, o ideal de uma literatura em que a mão do autor desapare-

Sérgio Scotti

cesse, tal como a mão de Deus no universo[4]. Esse ideal realista notabilizou o romance dos romances como a obra mais representativa do Realismo francês, tendo exercido influência sobre escritores brasileiros, a exemplo de Aluísio Azevedo e Machado de Assis, embora, como nota Fúlvia M. L. Moretto, na apresentação de sua tradução,

> ... *não esqueçamos que a crítica hoje não se mostra mais tão segura e unânime quanto ao 'realismo' de Flaubert. Sua presença nem sempre desaparece completamente sob sua escritura e a realidade será muitas vezes para ele apenas um trampolim para mais altos vôos (p. 12)[5].*

Será o obsessivo falhando na sua tentativa de abafar a veia histérica, o romantismo?

Gustave Flaubert nasceu em Rouen, França, a 12 de dezembro de 1821 e faleceu em Croisset, perto de Rouen, a 8 de maio de 1880. Filho de cirurgião, aos 15 anos apaixonou-se por Elisa Schlésinger, mulher quinze anos mais velha que ele, casada e com um filho. Tal paixão o acompanhou por toda a vida e influenciou suas primeiras obras de caráter romântico. Após a Revolução Liberal de 1848, empreendeu viagem pela África do Norte e pelo Oriente Próximo, passando por Malta, Egito, Palestina, Líbano, Constantinopla, Grécia e Itália. Retirou-se, depois, para seu sítio em Croisset, dedicando seus últimos trinta anos de vida à produção literária em solidão quase total.

O suicídio, depois do adultério, cometido na Normandia pela mulher de um oficial de saúde serve de tema para Flaubert, que começa a publicar *Madame Bovary* em 1856, na *Revue de Paris*, narrativa que se transforma em livro em 1857, após a absolvição do autor no processo em que foi acusado de "ofensa à moral pública e religiosa",

---

4. "O autor, em sua obra, deve ser como Deus no universo: onipresente e invisível" (trecho de uma das cartas de Flaubert, citada na orelha do livro *Madame Bovary: costumes de província*, de Gustave Flaubert, tradução de Fúlvia M. L. Moretto, São Paulo: Nova Alexandria, 1993).

5. Esta e todas as citações do romance feitas daqui em diante foram extraídas de *Madame Bovary: costumes de província, op. cit.*

A ESTRUTURA DA HISTERIA em Madame Bovary

no qual, em resposta à pergunta de quem teria sido o modelo do personagem, Flaubert pronunciou a frase histórica: *"Madame Bovary c'est moi"*. Ele dedicou os últimos anos de sua vida a um romance que deixou inacabado: *Bouvard e Pécouchet* (1881).

Madame Bovary é a trágica história de uma jovem que, aos 13 anos, é levada pelo pai ao convento de Rouen, onde se delineia para nós, por meio da apresentação da personagem no capítulo VI, uma histérica em que a propensão a inventar histórias (pecados) e a criar um mundo imaginário encarnando personagens romanescas vai, *pari passu*,

> *... à veneração entusiasta das mulheres ilustres e infelizes (p. 54).*

Compreende-se que um convento não é o local mais adequado para se dar vazão às excitações de uma moça que, como se diz, está na flor da idade. Mas as canções, as histórias e os romances trazidos pela solteirona de antiga família fidalga encontraram terreno fértil na jovem Emma, em quem

> *As comparações de noivo, de esposo, de amante celeste e de casamento eterno que se repetem nos sermões provocam-lhe no fundo da alma doçuras inesperadas (p. 52).*

Isso se dá quando Emma tem por volta de 15 anos.

A estada de Emma no convento se encerra após a morte da mãe, seguida de curto período de luto teatralizado, que parece, na verdade, dar ocasião ao surgimento de uma rebeldia e indisciplina que levaram Rouault, o pai, a retirá-la do internato.

A volta para casa lança Emma na depressão:

> *... ela se considerava grandemente desiludida, nada mais tendo para aprender; não tendo mais nada para sentir (p. 56).*

Sérgio Scotti

É forçoso aqui evitar interpretações apressadas; afinal, é pouco o que temos, nada da infância. Mas o que nos evoca o seguinte trecho,

Ao voltar para casa, Emma comprazeu-se no comando dos empregados, em seguida, desgostou-se do campo e sentiu falta do convento (p. 56),

senão que é bom ocupar o lugar da mãe, embora o conflito edipiano e a culpa sejam intoleráveis e, então, seria melhor voltar para o seio da santa *madre* Igreja? O andamento do nosso trabalho nos mostrará se tal interpretação deve ser mantida ou alterada. Mas é justamente aqui que aparece Charles Bovary na vida de Emma, para salvá-la, como o fará tantas outras vezes.

Charles é chamado à casa dos Bertaux para consertar a perna quebrada de Rouault, pai de Emma, e aí começa o *flirt*, enquanto Charles ainda é casado com uma viúva que acaba por falecer, oferecendo-se, assim, a ocasião para a aproximação definitiva de Emma, com quem se casará. Novamente, Emma ocupará o lugar de uma morta e, novamente, se comprazerá em cuidar da casa e em comandar os empregados. Mais do que isso:

... a ansiedade de um novo estado ou talvez a excitação causada pela presença daquele homem bastara para fazer-lhe acreditar que possuía, enfim, a paixão maravilhosa que até então era considerada como um grande pássaro de plumagem rósea planando no esplendor dos céus poéticos;... (pp. 56-57).

É da paixão que a agora Madame Bovary precisa, sempre quis e dela se alimenta; é a paixão que dá sentido à sua vida, dependendo dela como de uma droga. E é pela falta dela, no casamento com Charles, que essa relação definhará. Mas paixão pelo quê, por quem?

Charles era homem sem grandes atrativos, tanto físicos quanto espirituais; na verdade, era mesmo medíocre sob muitos aspectos. Então, o que Emma vê nele ou, pelo menos, tenta ver? É ela mesma,

A ESTRUTURA DA HISTERIA em Madame Bovary

é sua própria imagem, sua própria paixão que ela busca ver em Charles, que se torna, então, o Outro, de quem virá seu grande amor. Mas, logo após a noite de núpcias, a expectativa não se cumpre:

> *... Antes de casar ela julgara ter amor, mas como a felicidade que deveria ter resultado daquele amor não viera, ela deveria ter-se enganado, pensava. E Emma procurava saber o que se entendia exatamente, na vida, pelas palavras* felicidade, paixão, embriaguez, *que lhe haviam parecido tão belas nos livros (p. 51).*

Sem o amor que esperava, o tédio e a frieza começam a tomar conta de seu relacionamento com o marido:

> *Se Charles o tivesse desejado, todavia, se o tivesse suspeitado, se seu olhar por uma única vez tivesse ido ao encontro de seu pensamento, parecia-lhe que uma abundância súbita ter-se-ia destacado de seu coração como cai a colheita de uma espaldeira ao ser sacudida. Mas, à medida que se estreitava mais a intimidade de suas vidas, realizava-se um afastamento interior que a desligava dele (p. 58).*

Não que Charles não fosse bom marido: ele era gentil e atencioso, mas era comum demais, nem de longe se parecendo com as personagens dos romances que Emma havia lido, apesar das tentativas em que ela buscava atiçar o fogo da paixão em si mesma e no marido:

> *Todavia, segundo teorias que julgava boas, quis entregar-se ao amor. Ao luar, no jardim, recitava todas as rimas apaixonadas que sabia de cor e cantava, suspirando, alguns adágios melancólicos; mas sentia-se em seguida tão calma quanto antes e Charles não parecia nem mais apaixonado nem mais perturbado (p. 60). ... Emma repetia para si mesma: — Por que, meu Deus, eu me casei? (p. 61).*

Sérgio Scotti

A paixão era o falo que Emma desejava hirto e fulgurante em si mesma e no Outro, que, por não se personificar no marido, tornou-o tão desinteressante e odiável quanto sua própria vida e até a si mesma. Mas um acontecimento extraordinário vem salvar Madame Bovary da depressão e do tédio em que começava a mergulhar. Ela e o marido são convidados ao castelo de Vaubyessard pelo Marquês d'Andervilliers, que fora atendido por Charles. Lá, no meio de damas e cavalheiros, ela se refaz da pequenez da vida na província, valsando nos braços de um visconde:

> ... diante das fulgurações da hora presente, sua vida passada, tão nítida até então, desvanecia-se lá; além disso, ao redor do baile não havia mais do que sombra estendida sobre todo o resto (p. 69).

As lembranças daquele baile alimentaram Emma durante vários meses, até que a insatisfação e o tédio voltaram a assediá-la, os quais ela tentava compensar com a leitura de romances e de revistas sobre Paris:

> ... Passou a assinar a Corbeille, jornal das mulheres, e o Sylphe des Salons. Devorava, sem nada esquecer, todos os relatos das primeiras representações, das corridas e dos serões, interessava-se pela estréia de uma cantora, pela abertura de uma loja. Conhecia as novas modas, o endereço dos bons alfaiates, os dias do Bois[6] ou da Ópera. Estudou em Eugène Sue[7] descrições de mobiliários; leu Balzac e George Sand, procurando em suas obras satisfações imaginárias para seus desejos pessoais. Trazia seu livro mesmo à mesa e virava as páginas enquanto Charles comia e lhe falava. A lembrança do visconde voltava sempre em suas leituras. Ela estabelecia relações entre ele e os personagens inventados (pp. 74-75),

---

6. Dias de passeio no Bois Boulogne (nota do autor).

7. Eugène Sue (1804-1857), romancista francês, autor de Les Mystéres de Paris (1843), Mathilde (1841), Les Sept Péchés Capitaux (1847-1849) (nota do autor).

A ESTRUTURA DA HISTERIA em Madame Bovary

ou por meio de caprichos domésticos:

> *Ela o encantava com grande número de delicadezas; ora era uma nova maneira de fazer arandelas de papel para as velas, um babado que mudava em seu vestido ou o nome extraordinário de um prato bem simples que a empregada não acertara mas que Charles engolia até o fim com prazer. Viu em Rouen senhoras que usavam um feixe de berloques presos ao relógio; ela comprou berloques. Quis para a lareira dois grandes vasos de vidro azul e, algum tempo depois, um estojo de marfim com um pouquinho de prata dourada (p. 77).*

Contudo, a insatisfação de Emma persistia, e, já não encontrando o que pudesse preencher seu vazio, sua falta, aumentavam o desânimo e o desespero:

> *Agora negligenciava tudo em casa e a Sra. Bovary mãe, quando foi passar em Tostes uma parte da quaresma, surpreendeu-se muito com aquela transformação. Era, realmente, tão cuidadosa outrora e tão delicada, ficava agora dias inteiros sem se vestir, usava meias de algodão cinzentas e alumiava-se com uma vela (p. 82).*

Então, o corpo começou a falar:

> *Empalidecia e tinha palpitações; Charles administrou-lhe valeriana e banhos de cânfora. Tudo o que se tentava parecia irritá-la ainda mais.*
>
> *Certos dias conversava com uma abundância febril; àquelas exaltações sucediam, de repente, torpores em que permanecia sem falar, sem mover-se. O que a reanimava, então, era derramar nos braços um frasco de água de Colônia" (p. 83).*
>
> *A partir de então, ela começou a beber vinagre para emagrecer, contraiu uma tosse seca e perdeu completamente o apetite (p. 84).*

Sérgio Scotti

Com as reclamações freqüentes que Emma fazia de Tostes, vilarejo próximo à quinta de seu pai, e após a recomendação de mudança de ares feita pelo antigo mestre que Charles consultou em Rouen, decidiram-se instalar-se em Yonville, Neufchâtel. Quando saíram de Tostes, Emma Bovary estava grávida e desejou ter um filho homem:

> *... ele seria forte e moreno e se chamaria Georges; e a idéia de ter um filho homem era como a esperança de compensação de todas as suas impotências passadas. Um homem pelo menos é livre; pode percorrer as paixões e os países, atravessar os obstáculos, agarrar a mais longínqua felicidade. Mas uma mulher é continuamente impedida. Inerte e flexível, ao mesmo tempo, tem contra si a languidez da carne com as dependências da lei (p. 106).*

Vê-se que a idéia que Madame Bovary tem do homem é a do falo potente, e não a do simples macho, inversamente proporcional à imagem de castrada, que faz de sua filha quando esta nasce:

> *— É uma menina! disse Charles. Ela virou a cabeça e desmaiou (p. 107).*

Mas, novamente, ela encontra em Yonville outra compensação: Léon, um jovem escrevente, com quem compartilha o gosto pelos romances:

> *— Minha mulher pouco faz jardinagem, disse Charles; embora se lhe recomende fazer exercícios, prefere sempre ficar no quarto lendo.*
> *— É como eu, replicou Léon; que há de melhor, realmente, do que ficar à noite do lado do fogo com um livro, enquanto o vento bate nos vidros, enquanto a lâmpada queima?...*
> *— Não é verdade? disse ela, fixando nele os grandes olhos negros bem abertos (p. 101).*

A ESTRUTURA DA HISTERIA em Madame Bovary

Léon apaixona-se logo por Emma, que não esconde seu interesse pelo rapaz, prodigando-lhe presentes e fazendo passeios juntos, às vistas de todos. E, embora Charles permaneça indiferente,

... a senhora Tuvache, mulher do prefeito, declarou diante de sua criada que a senhora Bovary se comprometia (p. 109),

e mais:

... por que a mulher do médico dava ao escrevente tais gene-rosidades? O fato pareceu divertir e todos pensaram definitivamente que ela devia ser sua amiguinha (p. 118).

E, num jogo de provocação e sedução, ela se enredeva a si e a Léon numa mistura de desejo e culpa, de aproximações e afastamentos, em que os dois, ao mesmo tempo, gozavam e sofriam:

Ele se torturava para descobrir como poderia fazer-lhe sua declaração; e, sempre hesitando entre o temor de desagra-dar-lhe e a vergonha de ser tão pusilânime, chorava de desânimo e de desejo (p. 118).

Nela, quanto mais o desejo crescia, mais virtuosa queria parecer:

... Não tenho a casa para dirigir, meu marido para cuidar, mil coisas enfim, muitos deveres que têm a primazia? (p. 123).
... Retirou Berthe da casa da ama-de-leite. Félicité trazia-a quando vinham visitas e a Sra. Bovary a despia a fim de mostrar seus membros. Declarava que adorava crianças;... (p. 124).
Quando Charles voltava, encontrava suas pantufas aque-cendo-se junto às cinzas. Seus coletes, agora, tinham sempre forro e suas camisas tinham sempre botões.." (p. 124).

Sérgio Scotti

Quanto mais Emma lutasse contra seu desejo,

... mais Emma percebia seu amor, mais o recalcava, a fim de que ele não se evidenciasse e para diminuí-lo (p. 125).

... não conseguia frear seus sentimentos nem abdicar de sua paixão sofrida, ... os apetites da carne, a ambição do dinheiro e as melancolias da paixão, tudo confundia-se num mesmo sofrimento; e, em lugar de desviar seu pensamento, agarrava-se mais a ele, excitando a dor e procurando em toda parte ocasiões para excitá-lo (p. 126).

E, na mesma medida em que todo seu amor se voltava para Léon, seu ódio alcançava Charles, a quem culpava por sua infelicidade e insatisfação:

... Não era ele o obstáculo para qualquer felicidade, a causa de toda miséria e como o bico pontudo daquela fivela, daquela correia complexa que a fechava de todos os lados? (p. 126).

Como veremos adiante, nessa relação em espelho entre Léon e Madame Bovary dá-se a impressão de que a insatisfação é aquilo mesmo que se busca, pois mantém, no horizonte, o gozo absoluto:

Porém, com aquela renúncia, ele a colocava em condições extraordinárias. Ela desprendeu-se, para ele, das qualidades carnais das quais nada iria obter; e, em seu coração, ela foi sempre subindo e desligando-se à maneira magnífica de uma apoteose que levanta vôo. Era um daqueles sentimentos puros que não atrapalham o exercício da vida, que se cultivam porque são raros e cuja perda traria mais aflição do que a alegria que poderia trazer a posse (p. 124).

Emma, depois de uma confissão frustrada aos ouvidos insensíveis do padre local, quando Léon partiu para Rouen,

A ESTRUTURA DA HISTERIA em Madame Bovary

... Teve vontade de correr para alcançá-lo, para atirar-se em seus braços e dizer-lhe: 'Sou eu, eu sou tua!'. Mas Emma embaraçava-se antecipadamente com as dificuldades da empresa e seus desejos, agravados pelo arrependimento, tornavam-se ainda mais ativos (p. 141).

Léon, seja porque, tal como o menino assustado, foge diante da presença da mãe sedutora, seja porque

... estava cansado de amar sem resultado;... (p. 135),

resolve continuar seus estudos de advocacia em Rouen. Então,

... os maus dias de Tostes recomeçaram (p. 141).

Depois de tentativas frustradas de aprender italiano e de, somente, iniciar novas leituras, suas fraquezas voltaram:

... Um dia mesmo escarrou sangue... (p. 142).

Mas o destino ou o autor não deixam de providenciar novas aventuras para nossa heroína. Rodolphe Boulanger, um *bon vivant* que morava num castelo recém-adquirido nas proximidades da vila, leva um campônio para consultar-se com Charles e, à vista de Emma, resolve seduzi-la.

Aproveitando-se de um comício que se realizava em Yonville, Rodolphe aproxima-se de Emma com frases insinuantes, fazendo-se de amargurado e precisando de conforto:

Sim! Tantas coisas me faltaram! Sempre sozinho! Ah! Se tivesse tido uma finalidade na vida, se tivesse encontrado um afeto, se tivesse encontrado alguém... (p. 156).

Ao fim do comício, Rodolphe já havia conseguido realizar parcialmente seu intento e, segurando as mãos de Madame Bovary, dizia:

Sérgio Scotti

— Oh! Obrigado! A senhora não me repele! A senhora é boa! Compreende que lhe pertenço! Permita que a veja, que a contemple! (p. 165).

Após um período de ausência estratégica, ele volta a visitar a casa de Emma e, propondo um passeio a cavalo, que é incentivado pelo próprio marido, Charles, Rodolphe finalmente consegue que ela se entregue:

... em prantos, com um longo frêmito e escondendo o rosto, ela se abandonou (p. 177).

Depois, como se estivesse, enfim, realizando as fantasias da puberdade,

Lembrou então as heroínas dos livros que lera e a legião empírica daquelas mulheres adúlteras pôs-se a cantar em sua memória com as vozes das irmãs que a encantavam. Ela mesma tornava-se como uma parte real daquelas imagens e realizava o longo devaneio de sua juventude vendo-se como aquele tipo de amante que tanto desejara ser (p. 178).

Como num grito de vitória, dizia para si mesma:

... Tenho um amante! Um amante! (p. 178),

que poderíamos traduzir: "Tenho um falo! Um falo!".

A partir daí, os encontros multiplicaram-se: na casa de Rodolphe ou mesmo, à noite, sob o caramanchão da casa de Emma, quando Charles dormia:

Aliás, ela tornava-se bem sentimental..., falava-lhe de sua mãe e da mãe dele. Rodolphe a perdera havia vinte anos. Emma, contudo, consolava-o com linguagem afetada como se teria feito com um menino abandonado e dizia-lhe mesmo às vezes, olhando a lua:

A ESTRUTURA DA HISTERIA em Madame Bovary

— *Tenho a certeza de que, lá em cima, elas aprovam nosso amor (p. 185).*

Entretanto, as bênçãos maternas, imaginadas por Emma, não foram suficientes, e Rodolphe, já se cansando de seu brinquedo, não era o mesmo:

... o grande amor de ambos em que ela vivia mergulhada, parecia diminuir como a água de um rio que era absorvida em seu próprio leito, e ela percebeu o lodo (p. 186).

A raiva e a humilhação fizeram com que se afastasse de seu amante. Seus impulsos maternais voltaram-se novamente para a filha:

... percebendo que ela tinha a ponta das orelhas um pouco sujas, tocou a campainha para ter água quente e limpou-a, trocou-lhe a roupa de baixo, as meias, os sapatos, fez mil perguntas sobre sua saúde como se voltasse de uma viagem e enfim, beijando-a mais uma vez e chorando um pouco, recolocou-a nas mãos da criada muito admirada diante daquele excesso de ternura (p. 188).

Os valores e os costumes da época de Madame Bovary impedem-na de trocar de marido; o remédio que ela encontra, então, é fazer de seu marido outro homem, fazer dele seu próprio falo. Há um aleijado em Yonville: Hippolyte. Charles poderia consertar-lhe a perna torta, o que seria um grande e inédito feito. Emma convence o marido a realizar a arriscada operação, sonhando com a glória do esposo, que representaria sua própria glória e felicidade. A felicidade de ter o falo capaz de consertar o aleijado, que, para Emma, é o reflexo de sua própria anomalia, pois é assim que ela mesma se sente: um ser em que algo não está direito, não está reto.

Novamente, as esperanças de Emma frustram-se. O fracasso do marido na operação lança-a, outra vez, de encontro à sua falta e, em definitivo, nos braços de Rodolphe:

26

Sérgio Scotti

A lembrança do amante voltava a ela com atrações vertiginosas; nela lançava sua alma, levada para aquela imagem por um novo entusiasmo; e Charles parecia-lhe tão afastado de sua vida, tão ausente para sempre, tão impossível e aniquilado quanto o seria se fosse morrer e se estivesse agonizando sob seus olhos (p. 200).

Madame Bovary e Rodolphe recomeçaram a encontrar-se, mas, para ela, isso não bastava: queria ser a única, ser exclusiva, fugir com Rodolphe, romper com sua vida medíocre e achar a felicidade total. Ele pressentia a voracidade de Emma e temia ser engolfado por ela:

Além do chicote com castão de prata dourada, Rodolphe recebera um sinete..., tais presentes o humilhavam. Recusou vários; ela insistiu e Rodolphe acabou por obedecer achando-a tirânica e por demais invasora (p. 205).

Por isso, parte sem Emma, que, enganada, fica a esperá-lo, inutilmente, com montes de vestidos-falo comprados, por meio de promissórias, ao inescrupuloso comerciante Lheureux, que já a enredara noutras tantas.

É o fim, e, após ler a carta, em que Rodolphe dizia:

Estarei longe quando você ler estas tristes linhas... (p. 217),

Madame Bovary

... deu um grito e caiu hirta, de costas, no chão (p. 221).

Emma quis morrer, mas o marido, abnegado, salva-a e ampara-a durante o longo tempo em que ela, de certo modo, morrerá:

Durante quarenta e três dias Charles não se afastou..., pois ela não falava, não ouvia nada e parecia mesmo não sofrer;

A ESTRUTURA DA HISTERIA em Madame Bovary

como se seu corpo e sua alma descansassem juntos de todas as suas agitações (p. 223).

Ela se faz de morta para o mundo que a rodeia, para o marido, para a filha, para tudo. Duas coisas a mantêm viva: os cuidados de Charles e as fantasias dela, que permaneceram no recôndito de seu ser, mesmo durante curto período de fé religiosa:

> *... Quando se ajoelhava no genuflexório gótico, dirigia ao Senhor as mesmas palavras de suavidade que murmurava outrora ao amante nas efusões do adultério. Era para provocar a fé; mas nenhum deleite descia dos céus e ela levantava-se novamente, com os membros cansados, com um vago sentimento de um imenso logro (p.p. 228-229),*

até se reacenderem novamente, quando o marido a leva a Rouen para assistir à ópera. Lá reencontram Léon.

Sob o pretexto de que desejava assistir à segunda parte da ópera, Emma fica em Rouen sob os cuidados de Léon, enquanto Charles, para atender seus pacientes, parte para Yonville. Começa aí outra aventura de Madame Bovary.

Léon – que, durante sua estada em Rouen, adquirira certa autoconfiança –, depois de se fazer de amargurado (tal como Rodolphe) e de dizer que tinha querido morrer, finalmente se declara:

> — *Porque eu a amei muito! (p. 251).*

Depois de longo e vertiginoso passeio de carruagem, no interior da qual se entregam lubricamente,

> *... com os estores fechados e que aparecia assim continuamente, mais fechada do que um túmulo e sacudida como um navio (p. 261),*

28

Sérgio Scotti

instalam-se em um quarto de hotel em Rouen e, por meio de inúmeras escapadas, enquanto Charles atende seus distantes pacientes, vivem seu sonho de amor:

> *Estavam tão completamente perdidos na posse mútua que se sentiam em sua própria casa como se lá tivessem de viver até a morte como dois eternos jovens esposos (p. 280).*

Ela lhe dizia:

> — *Criança, tu me amas?*
> *E quase não ouvia sua resposta na precipitação com que seus lábios lhe procuravam a boca (p. 281).*

No entanto, a realidade começa a esgueirar-se para dentro do sonho de Madame Bovary. E, às custas de mais promissórias e mentiras, mantém seu amor maníaco:

> *... Ela riu, chorou, cantou, dançou, mandou buscar sorvetes, quis fumar cigarros... (p. 290).*

Léon vê seu ser esvair-se naquela relação:

> *... O que o encantava outrora assustava-o um pouco agora. Aliás revoltava-se contra a absorção, cada vez maior, de sua personalidade (p. 297).*

A voracidade de Madame Bovary acompanhava-se de permanente insatisfação:

> *... ela não era feliz, nunca o fora... Cada sorriso escondia um bocejo de tédio, cada alegria uma maldição, qualquer prazer um desgosto e os melhores beijos deixavam nos lábios apenas um irrealizável desejo de uma maior volúpia (p. 298).*

A ESTRUTURA DA HISTERIA em Madame Bovary

Além disso, os vultosos gastos de Emma começam a ser cobrados pelo comerciante que, durante tanto tempo, sustentou seus desejos e sonhos. Sem dinheiro, ela recorre a Léon, a quem chega a propor um roubo no cartório em que ele trabalhava.

Acossada pelas ameaças de Lheureux, que vendera suas promissórias para outro comerciante, igualmente inescrupuloso, o qual pretendia mover ação judicial para arrematar a casa de Emma, como paga de suas dívidas, desespera-se nossa personagem ao ver-se insultada com as propostas libidinosas do notário da cidade:

... Sou digna de pena mas não estou à venda! (p. 318).

Mas, em seguida, oferece-se ao perceptor Binet, que a repele:

— Senhora! Como pode pensar!... (p. 321).

Tudo isso não era pior do que se render a Charles:

A idéia da superioridade de Bovary em relação a ela a exasperava (p. 319).

Parece-nos mesmo que Charles sempre representou o Outro (o pai-ideal), a quem ela buscava sempre diminuir, sobrepondo-se a ele, como a seus amantes, tratando-os como crianças tolas, como objetos.

Como derradeiro recurso, Emma procura Rodolphe, que havia voltado para seu castelo, e se queixa, então, para o outro:

... eu ter-te-ia dado tudo, teria vendido tudo, teria mendigado nas estradas, por um sorriso, por um olhar!... depois, quando volto para ele, para ele que é rico, feliz, livre! Para implorar um socorro que qualquer pessoa daria, suplicando e trazendo-lhe toda a minha ternura, ele me repele, porque isso lhe custaria três mil francos! (p. 326).

Sérgio Scotti

Diante das súplicas dela, Rodolphe despreza-a e diz-lhe que não tem a soma que ela pede. Emma vê-se de frente com a falta, a falta que tanto quis preencher; torna-se falta de tudo: de dinheiro, de respeito, de amor. Finalmente, só uma coisa pode preencher essa falta de tudo: a morte. Emma procura, no arsênico, a morte que porá fim à sua busca incessante, busca daquilo que não existia e que, portanto, nunca seria encontrado.

Mesmo em relação ao suicídio e à morte, Emma Bovary engana-se:

> — *Ah! A morte é bem pouca coisa, pensava ela: vou dormir e tudo estará acabado! (p. 329).*

Nela esperava encontrar a paz, o sono eterno, a satisfação completa, que só é possível no não-desejar. Na verdade, Madame Bovary tem morte terrível:

> *... punha-se a gritar horrivelmente. Amaldiçoava o veneno, injuriava-o, suplicava que se apressasse... (p. 333).*

No suplício de sua dor, goza. E de que gozo se trata? Do gozo do Outro? Citaremos do artigo *"Deseo y goce en la histérica"* o seguinte trecho:

> *Fuente última de resistencia, el superyó rehúsa hasta el final ceder el goce del síntoma: más bien enfermedad, depresión, a veces intervenciones quirúrgicas, la muerte misma*[8].

Finalmente,

> *Uma convulsão abateu-a sobre o colchão. Todos se aproximaram. Ela não mais existia (p. 340).*

---

8. MILLOT, C. *et al.*, *in Histeria y obsesión*, Buenos Aires, Manantial, 1987, p. 130.

Madame Bovary e a histeria

... Tudo que se inventa é verdadeiro, ...
Minha pobre *Bovary*, provavelmente nesta mesma hora,
sofre e chora numas vinte aldeias da França..

(Flaubert)

Aqui terminamos a apresentação de nossa personagem e, ao mesmo tempo, iniciamos a tentativa de responder à questão de sua histeria.

Emma Bovary não é uma histérica dos tempos de Charcot ou do Freud do início da psicanálise, não sofria freqüentemente de grandes ataques, não tinha paralisias, nem anestesias. Mas tinha seus desmaios e, em suas crises, anorexias e estados próximos da catalepsia. Embora Freud e Flaubert tenham sido praticamente contemporâneos (fim do século XIX), talvez coincidentemente com o caráter mutativo de sua obra, sua personagem parece-nos um tipo de histeria intermediário, que, apesar de seus trajes ridículos, pelo menos na sintomatologia, está entre as grandes histéricas charcotianas e as modernas "personalidades" histéricas.

A ESTRUTURA DA HISTERIA em Madame Bovary

A histeria foi despojada. Ela perdeu seus trajes ridículos, estranhos, desconcertantes; aqueles que, aos olhos dos médicos, constituíam seu atrativo e charme. A auréola misteriosa e maravilhosa que a circundava desde a Antiguidade se dissipou. Despojada de seus sintomas, nada mais resta da histeria senão ela mesma: uma personalidade histérica[1].

Poderia objetar-se que, no fim das contas, tal como a personagem, a histeria de Flaubert é uma ficção e que, portanto, não vale a pena debruçar-se sobre ela. Mas o escritor é como um "catalisador cultural":

... não é esta mônada isolada que poderia reivindicar para ele só o que produz; como todos, é o resultado de uma série de desejos escalonados sobre várias gerações e o fruto de um momento cultural preciso. Em seguida, utiliza uma língua carregada de sentidos que o domina e o submete mais freqüentemente do que pensa[2].

Além disso, utilizamo-nos do exemplo de Freud, que recorreu freqüentemente aos poetas, tais como Jensen e Goethe, entre outros, para ilustrar suas idéias e conceitos.

Esta é a hipótese inicial de nosso estudo: Emma Bovary é um exemplo de estrutura histérica; pretendemos que uma análise dos elementos dessa estrutura, personalizada por Emma Bovary, confirme ou refute nossa hipótese.

Precavendo-nos com Hegel, segundo o qual a resposta à pergunta pode estar na própria pergunta[3], ou seja, que a estrutura da histeria pode estar na sua aparência mesma, ou mesmo naquilo que a

---

1. TRILLAT, E., *História da histeria*, São Paulo: Escuta, 1991, pp. 281-282.
2. WILLEMART, P., *Universo da criação literária*, São Paulo: Edusp, 1993, p. 26.
3. DOLAR, M. e ZISEK, S. ... El más sublime de los histéricos, *in Histeria y obsesión*, Buenos Aires, Manantial, 1987, pp. 182-184.

Sérgio Scotti

oculta, entramos em cheio num daqueles elementos ou aspectos mais evidentes da histeria na obra de Flaubert, que é a insatisfação.

Madame Bovary busca em seu marido e em seus amantes a felicidade que nunca consegue alcançar. Estamos no campo das aparências ou da estrutura?

A insatisfação também aparece enquanto tema em outras obras de Flaubert, como em *Educação sentimental*, romance que se supõe autobiográfico, que narra a trajetória sentimental do jovem Frederico, apaixonado pela Madame Arnoux, mulher casada que também ama Frederico, mas que permanece fiel ao marido, impondo a si mesma e ao herói do romance estado irremediável de insatisfação.

Essa obra, com forte colorido edipiano, parece mesmo uma apologia da falta e da insatisfação a que o homem está condenado a tentar preencher de infinitas maneiras. O herói percorre, do início ao fim do romance, toda uma plêiade de situações de amizade, amor, sexo, banquetes, revoluções sociais, que, no fim, dão em nada, pelo menos nada que se pareça com o que se prometia para o jovem Frederico no início. O que lhe sobra é um único amigo, com quem reparte suas recordações. Percebe-se que o próprio rapaz, em função de sua fantasia impossível com Madame Arnoux, persegue seu fracasso.

É do fracasso e da insatisfação que também trata o último e inacabado livro de Flaubert, *Bouvard e Pécouchet*, no qual um dentre dois amigos, logo depois de se conhecerem, é premiado com vultosa herança, que é totalmente dilapidada em iniciativas e projetos, em quase todos os campos do conhecimento e da indústria humana, todos fracassados.

Flaubert, que permaneceu fiel a um amor impossível da juventude e que, durante boa parte da vida, se isolou do contato social para dedicar-se à produção de sua obra, parece-nos ter feito de sua própria insatisfação, de sua própria falta, a razão de seu gênio.

Além dessa insatisfação, que outros elementos podemos encontrar na obra de Flaubert que nos levem à reconstrução da estrutura histérica implicada nela? Podemos apontar alguns: a questão da castração, a metáfora paterna na histeria e, por conseqüência, a fun-

A ESTRUTURA DA HISTERIA em Madame Bovary

ção do pai e da mãe na histeria, o fantasma e as identificações relacionadas a ele. Além desses, outros elementos que se mostrarem significativos serão destacados. Por meio de um método descritivo-analítico, procuraremos descrevê-los e articulá-los aos conceitos psicanalíticos desenvolvidos por Freud e Lacan, pretendendo, na medida do possível, dar alguma contribuição na busca da compreensão da estrutura histérica.

A histeria em Freud

Em vez de uma resenha histórica das obras de Freud dedicadas à histeria, procuraremos aqui seguir um percurso: o percurso de Freud na compreensão da histeria, o que exigirá a consideração de outras obras de Freud não relacionadas diretamente à histeria. Quando seguimos tal percurso, observamos que as questões que Freud coloca sobre a histeria se confundem com as que ele coloca sobre a mulher. Seja porque a histeria fosse mais freqüente entre as mulheres, seja porque, como para todo homem, a mulher era um enigma para Freud, o fato é que podemos observar, até em suas últimas obras, o eco da pergunta: "O que quer a mulher?"[1].

Freud, quando começou a tratar as primeiras histéricas de que nos deu notícia – Emmy de N., Lucy R., Catalina, Isabel de R.[2]–, estava fundamentalmente preocupado com a questão do trauma. Embora muito já se tenha falado a respeito do engano de Freud – e ele

---

1. ANDRÉ, S., *O que quer uma mulher?*, Rio de Janeiro: Jorge Zahar Editor, 1987, pp. 16-17.
2. Cf. FREUD, S., *Obras Completas – Estudios sobre la histeria*, trad. de Lopez-Ballesteros y de Torres, Madrid: Biblioteca Nueva, 1973, v. 1.

A ESTRUTURA DA HISTERIA em Madame Bovary

mesmo foi o primeiro a reconhecê-lo – sobre a veracidade das cenas de sedução sofridas pelas histéricas, o pai da psicanálise já destacava então que o traumático não era a sedução em si, mas a recordação da cena[3]. As histéricas sofriam, então, de reminiscências. Isso porque Freud reconheceu que a sexualidade humana ocorria em dois tempos marcantes: a infância e a puberdade[4].

A cena, então, era de natureza sexual, infantil; sua recordação traumática, na adolescência, era provocada por um evento que tinha um enlace lógico com a cena infantil: uma cena em que o sujeito infantil era a-sujeitado, passivo. O par ativo-passivo tornou-se grande tema para Freud, ao qual teremos de, obrigatoriamente, retornar, ficando, por enquanto, somente na distinção que ele fazia entre a passividade que marcava a cena infantil da histeria e a atividade da obsessão[5].

Freud nos dá belo exemplo desse processo, típico da histeria segundo ele, em *Projeto de uma psicologia para neurólogos* (1895), na segunda parte, referente à *Psicopatologia (Compulsão histérica)*, na qual Emma, uma paciente que não consegue entrar sozinha em lojas, se recorda de uma cena vivida aos 12 anos em que, ao entrar numa loja e ao ver dois rapazes rindo entre si, sai correndo, presa de uma espécie de susto. As associações da paciente levam-na a pensar que os rapazes se riam do vestido dela e que um deles a atraiu sexualmente. Na continuação da análise, surge uma segunda lembrança, dos 8 anos de idade, em que, por duas ocasiões seguidas, Emma vai a uma pastelaria, mesmo depois de que, na primeira vez, o pasteleiro, com riso sardônico, lhe tivesse tocado os órgãos genitais por sobre o vestido.

O enlace dos elementos *vestido, riso* e *atração sexual* revela que a angústia de estar sozinha numa loja se refere ao medo incons-

---

3. FREUD, S., *Obras Completas – Nuevas observaciones sobre las neuropsicosis de defensa, op. cit.*, v. 1, p. 287.

4. FREUD, S., *Obras Completas – Proyecto de una psicologia para neurólogos, op. cit.*, p. 254.

5. Cf. FREUD, S., *Obras Completas – Nuevas observaciones sobre las neuropsicosis de defensa, op. cit.*, pp. 286-292.

Sérgio Scotti

ciente de que os rapazes repetissem o atentado perpetrado pelo pasteleiro, afeto angustioso que surge após a entrada da paciente na puberdade e que não esteve presente na situação original.

Na maioria dos casos, ressaltava Freud, eram várias as cenas traumáticas, e não somente uma cena infantil de sedução sexual[6]; daí a distinção entre "histeria traumática" e "histeria comum" já feita em 1895, em *Estudos sobre a histeria*. A etiologia sexual da histeria e das neuroses em geral adquiriu tal peso para Freud que ele chegou a dedicar-lhe trabalho específico: *A sexualidade na etiologia das neuroses*, editado em 1898.

Mas é sempre bom lembrar que as reminiscências de que sofriam as histéricas eram inconscientes, ou seja, as histéricas sabiam, mas não sabiam que sabiam, ou elas se lembravam, mas não sabiam disso ou não queriam saber nada disso. Não queriam saber nada de suas lembranças da infância tampouco de suas fantasias não tão infantis assim, fantasias de amor em geral. Poderíamos dizer, então, que as histéricas sofriam de amor também, mas de um amor recusado à consciência, um amor que, embora consciente um dia, fora recalcado, reprimido. Veja-se o caso de Isabel de R., em *Estudos sobre a histeria*: eram suas fantasias de amor com seu cunhado, junto do leito de sua irmã enferma, que a faziam padecer de seus sintomas.

É da fantasia que Freud passa a se ocupar cada vez mais com suas histéricas, até que, em setembro de 1897, numa carta a Fliess[7], ele revela que já não mais acredita em seus neuróticos.

É, portanto, à fantasia, mais do que a uma eventual sedução, que Freud passará a dar maior importância na compreensão da produção de sintomas das histéricas, como no famoso caso Dora[8], no qual, apesar disso, Freud dará importância indevida a uma cena de tentativa de sedução em que o sr. K. beija Dora, anos antes da não menos famosa cena à beira do lago.

---

6. FREUD, S., *Obras Completas – La etiologia de la histeria, op. cit.*, p. 302.
7. FREUD, S., *Obras Completas – Carta a Fliess nº 69, op. cit.*, v. 3, p. 3578.
8. FREUD, S., *Obras Completas – Analisis fragmentario de una histeria, op. cit.*, v. 1, pp. 933-1002.

A ESTRUTURA DA HISTERIA em Madame Bovary

Identificado ao sr. K., como supõe Lacan[9], Freud, pelos seus preconceitos, não percebe o amor homossexual de Dora pela sra. K. Numa nota de rodapé, no epílogo do relato do caso, Freud reconhece sua falha e, ao mesmo tempo, ressalta a importância dos sentimentos homossexuais nas neuroses. Algumas páginas antes, ele chega mesmo a imaginar que, se fosse mais "caloroso" com Dora, esta talvez não abandonasse o tratamento, dando-nos a impressão de que Lacan estava realmente certo.

Não se trata aqui de analisar os erros de Freud, mas, quando nos perguntamos por que Freud ou qualquer analista escolhem este ou aquele caso para comunicar, especialmente quando se trata de um caso mais ou menos falhado, vem-nos à mente a idéia de que é mesmo o que falha que motiva o relato do caso. E o que falha em Freud é o amor homossexual da histérica ou, como veremos, o amor à mãe.

Após destacar mais uma vez, em *Fantasias histéricas e sua relação com a bissexualidade* (1908), o papel das fantasias onanistas de caráter homossexual, a cegueira de Freud, a nosso ver, aparece ainda em outro relato, dessa vez não dedicado a um caso de histeria, mas de homossexualismo feminino: *Sobre a psicogênese de um caso de homossexualidade feminina* (1920). Neste caso, Freud, ainda preso a uma compreensão insuficiente do desenvolvimento do Édipo na mulher, continua o vendo muito sob a perspectiva masculina. Isso faz com que, novamente aqui, ele atribua importância excessiva à relação da paciente com seu pai. Não percebendo a importância da fixação desta à mãe, Freud entende a tentativa de suicídio da jovem paciente como dupla satisfação: a do desejo de engravidar do pai e a de se autocastigar pela mesma razão, sem considerar que, ao ser surpreendida pelo pai, na rua, em companhia da amada, que por isso ameaça abandoná-la, a paciente se desespera, na verdade, com perder o amor da mãe, transferido para a amada. Só que aqui Freud não se deixa abandonar como em Dora. Parece-nos mesmo que ele atua sua resistência, ao largar a paciente, recomendando-lhe que procu-

---

9. LACAN, J., *Seminário I – Os escritos técnicos de Freud*, Rio de Janeiro: Jorge Zahar Editor, 1986, p. 213.

Sérgio Scotti

rasse uma "doutora". Freud sai, assim, de cena, dando lugar à "mãe doutora", não acreditando nos sonhos da paciente, que anunciam sua cura por meio do casamento e da maternidade.

Somente já quase ao fim do relato Freud reconhece que a homossexualidade adquirida tardiamente, como ele supunha no início do tratamento, em razão da frustração de desejos amorosos emanados do complexo de Édipo, consistia, na verdade, em homossexualidade "congênita", que só veio a se exteriorizar completamente após a puberdade. Acrescenta que tal questão talvez não fosse de grande valor, fazendo-nos pensar que fosse o principal.

Mas por que falar de um caso de homossexualidade feminina quando se trata de considerar a histeria?

Como ponderamos no início, a histeria e o feminino se confundem em Freud. E o que junta os dois é a questão homossexual, tanto da histeria quanto da mulher. Por isso consideramos este último relato como uma espécie de encruzilhada que levará Freud à reconsideração da posição da mulher no complexo de Édipo, em *Algumas conseqüências psíquicas da diferença sexual anatômica* (1925).

Freud já trabalhara esse tema mais rapidamente em *A dissolução do complexo de Édipo* (1924), mas é no ano seguinte que desenvolve mais amplamente os aspectos relativos às diferenças entre o menino e a menina quanto à castração, relacionada com o complexo de Édipo. Aí conclui que, enquanto a ameaça de castração liquida o Édipo no menino, com todas suas conseqüências estruturantes, a castração, enquanto fato consumado, lança a menina no Édipo, de onde muito mais tardiamente sairá. Até mesmo questões anteriores, tais como as fantasias femininas recorrentes de *Bate-se numa criança* (1919), são revistas em função da castração e da inveja do pênis, o que resulta na equivalência criança = clitóris.

Mas, paradoxalmente, a diferenciação entre o menino e a menina, no Édipo, acabou por descobrir as semelhanças entre um e outro. Tais semelhanças vão aparecer, de forma mais clara ainda, no trabalho *Sobre a sexualidade feminina* (1931).

41

A ESTRUTURA DA HISTERIA em Madame Bovary

Estejam as nossas especulações anteriores corretas ou não, o fato é que nesse trabalho Freud, por suas próprias experiências e pelas experiências das analistas mulheres, algumas delas nomeadas – Jeanne Lampl-de Groot, Helene Deutsch e Ruth Mack Brunswick –, acaba por reconhecer, amplamente, a importância da vinculação da mulher à mãe e à chamada fase pré-edípica. Acaba por reconhecer, também, a importância dessa vinculação para a etiologia da neurose histérica.

Nesse trabalho, podemos reconhecer e encontrar alguns ensinamentos fundamentais de Freud, não somente quanto à mulher e à histeria, mas também quanto ao humano em geral.

Nele, Freud nos diz que, sob o império do falo, somos todos iguais ou seja, menina ou menino, homem ou mulher, macho ou fêmea; tais categorias não existem até a superação da fase fálica. Existem os que têm o falo e os que não o têm. Isso se torna fundamental, como veremos, para a compreensão da histeria.

A percepção, no seu amplo sentido, da diferença entre os sexos é uma aquisição tardia no desenvolvimento psicossexual do homem, acontecendo de maneira muito imperfeita em alguns casos, como, por exemplo, na histeria, na qual não se sabe ao certo se se é homem ou mulher, pois, aí, a lógica do falo ainda domina.

Contrariamente ao entendimento de que Freud teria colocado a libido sempre masculina, cremos que o que ele nos ensina é que a libido não tem sexo. Embora reconheça que a libido sempre procura dominar seu objeto de forma ativa, reconhece, também, que a libido tem fins passivos, se bem que os procure de forma ativa. O que se percebe é que a assimilação do masculino ao ativo nunca satisfez a Freud, que sempre mostrou muitas reservas à equivalência do par masculino/feminino = ativo/passivo[10].

Afora esses aspectos mais gerais, a questão da histeria, que nos interessa mais de perto, ganha novas luzes nesse trabalho sobre a sexualidade feminina, e no seguinte e derradeiro da obra de Freud

---

10. Cf. FREUD, S., *Obras Completas – La feminidad in nuevas lecciones introductorias al psicoanalisis, op. cit.*, v. 3, pp. 3164-3167.

Sérgio Scotti

sobre a mulher, *A feminilidade* em *novas lições introdutórias à psicanálise* (1932).

Nestes dois últimos trabalhos e especialmente naquele sobre a feminilidade, ele se limita a tentar dizer como surge a mulher, pelo impossível que é dizer A Mulher, tal como o fará mais tarde Lacan[11]. Freud, como que numa volta ao começo, lembra que, como se apercebeu da falsidade das cenas de sedução das histéricas imputadas ao pai, por conta das fantasias do complexo de Édipo, se dava conta agora de que a sedução originariamente sofrida pela menina era exercida, na verdade, pela mãe, por meio da estimulação dos genitais durante a higiene corporal. Tal sedução era transferida e atribuída posteriormente ao pai.

Ao mesmo tempo, Freud se dá conta de que as intermináveis queixas das histéricas tanto ao analista quanto à própria mãe derivavam da castração de que elas se sentiam vítimas. Dá-se conta também de que a angústia característica da histérica provém do ódio à mãe, que a privou do falo. Falo que mesmo a mulher "normal" não cansará de perseguir na forma de um filho ou, até mesmo, na procura de uma análise.

Interessantemente para nós, ao fim de seu último trabalho sobre a feminilidade, Freud sugere que, se quisermos saber mais sobre isso, devemos basear-nos em nossa própria experiência, esperar os avanços da ciência ou perguntar aos poetas. Seguindo, então, sua sugestão, estaremos perguntando a Flaubert pela histeria de Madame Bovary e, ao tentar encontrar a resposta, talvez possamos também dar alguma contribuição ao conhecimento deste tema.

Finalmente, gostaríamos de destacar que, ao que nos parece, o que em Freud perpassa toda a questão da histeria é a relação ao outro: seja esse outro o analista, o pai, o irmão, o professor, seja aquele primeiro outro na vida de todos nós, a mãe. É a esse outro que Lacan colocará como Outro da linguagem, na qual todo ser humano está imerso desde seu nascimento, ao qual nos remeteremos daqui em diante, quando passaremos a considerar a questão da histeria sob o ponto de vista lacaniano.

---

11. LACAN, J., *Seminário XX – Mais, ainda*, Rio de Janeiro: Jorge Zahar Editor, 1985, p. 98.

Lacan: O outro e a castração em *Madame Bovary*

Antes de iniciarmos nossa abordagem da questão da castração em Madame Bovary, devemos advertir, mais uma vez, que, mais interessados do que no drama de Madame Bovary, estamos voltados para a estrutura ou para os elementos da estrutura que subjazem a tal drama, estrutura essa que supomos ser histérica.

Quando dizemos que ela, a estrutura, subjaz, queremos dizer fundamentalmente que ela *sustenta* o drama, e não, necessariamente, que ela esteja por detrás ou por baixo ou, ainda, que ela seja mais profunda. Tais figuras espaciais, freqüentemente evocadas para se referir ao inconsciente, dão a impressão de que o trabalho de análise, tal qual uma escavação imaginária do psiquismo, revelará um significado oculto que, estando lá desde o início, dará sentido a todo o resto.

Estaremos interessados, sim, em *revelar* a estrutura da histeria em *Madame Bovary*, mas com base na compreensão do inconsciente não como um significado preexistente que deverá ser traduzido a partir, por exemplo, da linguagem dos sintomas, dando-nos a im-

A ESTRUTURA DA HISTERIA em Madame Bovary

pressão de que, por detrás do sintoma, existe "algo" recalcado. Seguindo o ensinamento de Lacan de que o sintoma é, ao mesmo tempo, tanto o recalcado quanto o que recalca[1], contrário a um imagético tanto espacial do detrás ou por debaixo, quanto a um imagético temporal do anterior ou mais primitivo, concebemos o inconsciente como um sistema de transformações metafórico-metonímicas impulsionadas pelo desejo. Lembremo-nos, com Freud, de que o inconsciente é tanto atemporal quanto nele as relações espaciais estão submetidas ao sabor do desejo, como, por exemplo, na condensação[2].

Tal concepção do inconsciente, estruturado como linguagem[3], permite-nos conceber a estrutura da histeria, se não como um discurso, que manifestaria mais seu aspecto relacional, como uma linguagem também, que, para ser revelada, necessita de uma espécie de torção do discurso da histérica.

Nesse sentido, trata-se, então, de uma leitura ou de uma releitura do drama de Madame Bovary a partir de uma torção da cadeia significante ou, mesmo, de uma ressignificação do drama, utilizando-nos dos significantes introduzidos por Freud e desenvolvidos por Lacan. É por isso que podemos, então, prescindir de dados que não estão no texto do romance como, por exemplo, a infância de Madame Bovary, pois, embora Flaubert não tivesse a intenção nem, muito menos, a obrigação de saber o que é uma histérica, sua obra está inclusa em um campo significante mais amplo, que inclui o próprio discurso da histérica, no qual cremos que se inspirou, como também inclui o discurso da psicanálise a respeito da histeria. Essa interpenetração de discursos que estamos sugerindo, longe de ser um artifício metodológico, se nos impõe na medida em que o que liga todos eles é o inconsciente; o que está em jogo é a maneira pela qual uma obra nos mobiliza no plano inconsciente, como diz Lacan, citado por François Regnault:

---

1. LACAN, J., Kant avec Sade, *in Écrits*, Paris: Édiions du Seuil, 1966, p. 782.
2. Cf. FREUD, S., *Obras Completas – La interpretación de los sueños,* trad. de Luiz Lopes-Ballesteros y de Torres, Madrid: Biblioteca Nueva, 1973, v. 1, pp. 516-532.
3. LACAN, J., *Seminário XX – Mais ainda*, Rio de Janeiro: Jorge Zahar Editor, 1985, pp. 24-37.

Sérgio Scotti

O herói, se estão me seguindo, é estritamente idêntico às palavras do texto. Devemos então nos persuadir que o modo sob o qual uma obra nos atinge da maneira mais profunda, isto é, no plano do inconsciente, consiste em um arranjo, em sua composição[4].

O que estamos querendo dizer é que, independentemente de Flaubert haver reproduzido, conscientemente ou não, uma personagem histérica em *Madame Bovary* – essa também é outra questão para pensar –, o fato é que Flaubert, como um *fala-ser*, imerso no campo significante como todos os outros homens e preso na cadeia do desejo, produziu uma obra que reflete sua pertinência a esse campo. E, como o *Hamlet*, de Shakespeare,

A peça de Hamlet é uma espécie de aparelho, de rede, de arapuca, em que está articulado o desejo do homem, e precisamente nas coordenadas que Freud nos revela, a saber, o Édipo e a castração[5],

pensamos que o romance de Flaubert

... é uma composição maquinada de tal maneira que histeria ou neurose obsessiva podem aí encontrar escritos seus sintomas, mas também suas estruturas e suas leis[6].

Sob esse ponto de vista e com a ressalva de que, sob certo aspecto,

é a obra de arte que se aplica à psicanálise[7],

---

4. REGNAULT, F., Essas esquisitices abundantes nos textos psicanalíticos, *in Lacan*, organizador: Gérard Miller, Rio de Janeiro, Jorge Zahar Editor, 1993, p. 133.
5. LACAN citado por REGNAULT, F., Essas esquisitices abundantes nos textos psicanalíticos, *in Lacan, op. cit.*, p. 133.
6. REGNAULT, F., Essas esquisitices abundantes nos textos psicanalíticos, *in Lacan, op. cit.*, p. 134.
7. *Ibid.*, p. 132.

A ESTRUTURA DA HISTERIA em Madame Bovary

é que propomos, então, uma releitura de *Madame Bovary* a partir dos significantes que, como dissemos antes, Lacan desenvolve depois de Freud e, dentre eles, destacamos o falo, como inextricavelmente ligado à questão da castração.

Pode-se dizer que se há falo é porque há castração e vice-versa. Verdadeiro par dialético e pedra-de-toque da teoria psicanalítica, Emma Bovary se nos afigura como bela ilustração desse par castração/falo em que a personagem foge de uma tanto quanto persegue o outro. Pois, como se pode dizer, afinal de contas, a histeria, tal como a outra neurose (obsessão) e a perversão, são diferentes formas de se evitar a castração. Mas de qual castração? A da mãe? A do pai? A da criança?

Teríamos de considerar, inicialmente, a castração que é imposta pela própria linguagem, pelo próprio fato de que o(a) histérico(a) é um ser falante ou que se torna um ser falante, na medida em que é introduzido no campo significante desde o início de sua existência. Essa introdução é realizada pela mãe – ou por quem quer que seja que eventualmente ocupe a função materna –, que, ao satisfazer as primeiras necessidades da criança, prolonga tal satisfação por meio de gestos e palavras, promovendo um "gozo" tanto nela quanto na própria criança. Tal gozo, nem esperado nem demandado pela criança[8], passa a ser *desejado* por ela, que, no entanto, nunca o alcança na medida mesma em que necessita ser demandado desde então. Aí se encontra condensado o drama inaugural de todo ser humano que se torna desejante e, portanto, castrado em seu gozo, a partir do momento em que, para obtê-lo, necessita demandá-lo por meio de significantes e que, por isso mesmo, já não consegue alcançá-lo na qualidade de gozo inesperado e não demandado, pois, mesmo que lhe seja ofertado novamente, de forma inesperada, nunca o será de modo igual à primeira satisfação, que se torna irreproduzível, porquanto se tornou lembrança de algo alcançável somente por meio de significantes, algo que de início independia de significantes. Algo, portanto, irremediavelmente perdido.

---

8. DOR, J., *Introdução à leitura de Lacan*, Porto Alegre: Artes Médicas, 1989, pp. 145-146.

Sérgio Scotti

Embora perdido, não significa que não seja procurado pela criança e pela mãe, que, embora igualmente castrada, é alçada pela criança à condição de grande Outro, portadora do gozo perdido.

Perceba-se que a mãe, tanto quanto introduz a criança no gozo, no mesmo ato, priva-a dele, pois não lhe dá mais do que significantes para alcançá-lo, o que lhe é insuficiente, já que o gozo buscado é aquele que se desejaria sem a intermediação do significante, mas que só surgiu em função deste. Compreende-se, então, porque, por mais amorosa que uma mãe possa ser, não estará livre da ambivalência amor/ódio de seu filho, e porque, também, todo gozo implica algum sofrimento na medida em que nunca é aquele que se queria, aquele que estará para sempre perdido. Por estar perdido e ser inalcançável, do que se goza a partir de então é de uma lembrança, de uma ficção, da qual só resta o desejo insaciável, resto de gozo: resto que arrasta. Arrasta atrás de si uma multidão de substitutos, dentre os quais o falo ocupa posição privilegiada.

Mas de onde vem o falo? Poderíamos dizer que o falo vem da mãe ou do pai, mas, na verdade, o falo vem da falta: da falta-em-ser de todo ser humano; da falta-em-ser o gozo de si mesmo ou de gozar de si mesmo, o que se torna impossível quando se entra no mundo do significante e do Outro, cujo arremedo é o falo.

Se Freud falava das vicissitudes da pulsão[9], Lacan veio dizer das vicissitudes do gozo e do desejo[10], pois o gozo, embora esteja perdido, não deixará de ser buscado, agora, na forma do falo. A castração não é algo que se aceite de bom grado, e é bom lembrar que estamos falando das formas pelas quais se busca evitá-la. E também a castração não é algo que se instaure de uma vez só e por todas.

Mais uma vez, a mãe vem aí ocupar posição ambígua, senão sujeita à vacilação e, portanto, problemática. Problemática porque se, por um lado, a mãe, na sua falta-em-ser, eleva a criança à condição de seu falo do qual poderá gozar – e é nessa condição que a criança é

---

9. Cf. FREUD, S., *Obras Completas – Los instintos y sus destinos, op. cit.*, v. 2, pp. 2039-2052.

10. Cf. LACAN, J., *Seminários VII* e *XVII.*

A ESTRUTURA DA HISTERIA em Madame Bovary

mais gozada do que goza de ser o falo –, por outro, se ela é a mãe de um neurótico, e não de um psicótico, haverá outro falo do qual ela também goza e, até, do qual, preferencialmente, que é o falo do pai. E essa preferência, estando significada no discurso da mãe, o gozo da criança, de ser o único objeto de desejo da mãe/Outro (objeto de desejo, pois, embora se busque gozar dele, se trata aí de um gozo de segunda mão, resto de gozo), sofre duro golpe, que resulta, de início, numa rivalidade (perversão) com o outro falo e, depois, num caminho em direção à neurose, desemboca na identificação simbólica (feminina) com a mãe que deseja o falo, que supõem (a mãe e a criança) possua o pai ou na identificação (masculina) com o próprio pai, que, se supõe, possui o falo, o qual ocupa, a partir de então, em ambos os casos, o lugar do Outro. Essa transformação do gozo em desejo, subjacente à substituição da mãe pelo pai no lugar do Outro, é o que Lacan chamou de metáfora paterna, instituidora do Nome-do-Pai[11].

Mas não é só nesse sentido que o lugar[12] da mãe é problemático na instauração da castração. Na mesma medida em que a criança se torna um ser desejante, ela se torna, também, desejável para a mãe. Sendo um ser desejante também, a mãe abre a possibilidade para a criança ocupar o lugar do falo, que irá preencher sua falta e, ao mesmo tempo, a da própria criança. Daí a fórmula de Lacan, segundo a qual *o desejo é o desejo do Outro*, fator de alienação do sujeito[13]: alienação dupla, se pensarmos que, além da divisão provocada pela incidência do significante em que o que o sujeito demanda nunca é o que satisfará o seu desejo, ainda assim, o que ele deseja é o desejo do Outro.

Contudo, se a mãe, ao desejar a criança, abre a possibilidade de ela preencher sua própria falta, ainda que precariamente, pois, como vimos, a falta criada pelo significante é impreenchível (a falta só

---

11. Cf. DOR, J., *Introdução à leitura de Lacan*, Porto Alegre: Artes Médicas, 1989.

12. Lembramos novamente que se trata de um *lugar* que, embora freqüentemente ocupado pela mãe biológica, pode vir a ser ocupado por quem quer que seja, venha a desempenhar a função materna.

13. Cf. DOR, J., *op. cit.*

Sérgio Scotti

pode ser contornada como sugere Lacan[14]), ela (a mãe) também deixa de parecer à criança aquela mãe todo-potente, que poderia satisfazer o seu desejo de plenitude, e, portanto, se torna o Outro, barrado. Esse barramento da mãe, conseqüência da incidência do significante, gera na criança outra falta, outra nostalgia, que é a da completude, do gozo absoluto, que só é possível ser calculado pela criança a partir da incompletude mesma da mãe. É, portanto, do encontro com a falta da Coisa, como diz Lacan[15], secundado por Juranville[16], que surge a Coisa, a mãe mítica, a quem nada falta; que, por isso, não deseja, só é desejável. É a ela que se dirige, portanto, todo o desejo: desejo de nada, já que se trata de uma ficção, de um paraíso, de uma miragem causada pela própria sede do desejo. É retroativamente à falta da Coisa como objeto de plenitude que surge a Coisa como objeto último e primeiro de desejo.

---

14. "A Coisa, se no fundo ela não está velada, não estaríamos nesse modo de relação com ela que nos obriga — como todo psiquismo é obrigado — a cingi-la, ou até mesmo a contorná-la, para concebê-la" (LACAN, J., *Seminário VII — A ética da psicanálise*, Rio de Janeiro, Jorge Zahar Editor, 1991, p. 148). Entendemos a Coisa aqui estando no lugar da própria falta, como veremos logo adiante.

15. "... O objeto é, por sua natureza, um objeto reencontrado. Que ele tenha sido perdido é a conseqüência disso — mas só-depois. E, portanto, ele é reencontrado, sendo que a única maneira de saber que foi perdido é por meio desses reencontros desses reachados.

Reencontramos aí uma estrutura fundamental, que nos permite articular que a Coisa em questão é suscetível, em sua estrutura, de ser representada pelo que chamamos, há tempos, a respeito do discurso do tédio e da prece, de a Outra coisa. A Outra coisa é, essencialmente, a Coisa.

Essa é a segunda característica da Coisa como velada — por sua natureza ela é, em seus reachados, do objeto, representada por outra coisa.

(...) Essa Coisa, da qual todas as formas criadas pelo homem são do registro da sublimação, será sempre representada por um vazio, precisamente pelo fato de ela não poder ser representada por outra coisa — ou, mais exatamente, de ela não poder ser representada senão por outra coisa. Mas em toda forma de sublimação o vazio será determinante" (LACAN, J., *Seminário VII — A ética da psicanálise*, Rio de Janeiro: Jorge Zahar Editor, 1991, pp. 149-162).

16. "... É quando o desejo do sujeito encontra o desejo no Outro que surge a Coisa, e é nesse instante que se produz o gozo. O Outro se faz coisa ao posicionar o sujeito como o falo, e o sujeito acolhe em si, ao mesmo tempo que sua própria significação como falo, a presença da morte. É simultaneamente que ele tem acesso à coisa e à castração. Plenitude do gozo, mas reservada ao próprio falo, que é, segundo Lacan, o que goza propriamente — plenitude inseparável da 'suspensão' do resto do corpo. O gozo fálico é de fato realização do desejo, mas realização radicalmente falha e parcial. Entretanto, ele é o lugar primordial onde se comprova para o sujeito a 'instância' de uma plenitude absoluta que só aparece em sua falta..." (JURANVILLE, A., *Lacan e a Filosofia*, Rio de Janeiro: Jorge Zahar Editor, 1986, p. 198).

A ESTRUTURA DA HISTERIA em Madame Bovary

À mãe mítica, inalcançável, pois que, quando dela se aproxima, se dá o encontro com sua falta mesma, tal qual miragem que se desvanece quanto mais nos aproximamos dela, mãe fascinante e horrenda que tem, ao mesmo tempo, a face da plenitude e da castração, se contrapõe o Outro, barrado, de quem se pode ser o falo. E, se não se pode *ser* o falo por efeito da metáfora paterna, pode-se *tê-lo* em si mesmo ou no outro, em quem se pode encontrá-lo (opção neurótica).

Vale lembrar que, da castração simbólica, via metáfora paterna, veiculada pela satisfação da mãe, signo de que o pai possui o falo e de que destitui a criança como falo único e preferido da mãe, é que surge toda uma panóplia imaginária da mãe fálica ou do pai castrador, ou da mãe todo-potente e do pai castrado, ou, ainda, da criança-falo e da mãe devoradora, que têm como referência primordial o real da Coisa, que é indizível, insignificável, porque a Coisa, sendo nominada, se torna coisa passível de ser conduzida no jogo imaginário em que se dá um corpo ao Outro[17] e se cria nele uma falta ou uma completude imaginária, conforme o desejo guiado pela busca do falo e pela evitação da castração.

Disso que é possível o surgimento do fantasma como encenação imaginária em que o sujeito, fazendo-se objeto para o Outro, tampona a falta do real da Coisa, ao mesmo tempo em que, alcançando seu objeto de desejo, que é a mãe, perpetra o incesto. Tal incesto, o deduzimos do fato de que, no fantasma, se encontra a marca da violência, do castigo – veja-se o fantasma de *Bate-se numa criança*, descrito por Freud[18] –, que é o sinal de que o incesto se realizou, no fantasma, é claro, e foi punido[19] com a castração, que o próprio

---

17. "... O Outro não é o nome comum dos pais, ou de alguns outros de importância; seu desejo não é nem a soma nem a combinatória dos votos do pai, da mãe, etc. Ele é o Sujeito de um desejo que encontra sua determinação pela castração imaginária que lhe atribui um corpo e uma falta" (CALLIGARIS, C., *Hipótese sobre o fantasma na cura psicanalítica*, Porto Alegre: Artes Médicas, 1986, p. 30).

18. Cf. FREUD, S., *Obras Completas – Pegan a un niño, op. cit.*, v. 3.

19. "A punição do pai tem bem o valor de um laço erótico, mas esse laço diz respeito à mãe, e não àquele que bate. O fato de ser espancado por um pai significa a ligação com uma mãe de sonho, e permite concretizá-la. As pancadas são, assim, o único sinal de um incesto realizado, e é por isso que o ser golpeado é um gozo..." (POMMIER, G., *A exceção feminina*, Rio de Janeiro: Jorge Zahar Editor, 1991, p. 136).

Sérgio Scotti

sujeito se inflige na medida em que em seu fantasma, em sua cena, o sujeito é o ator e o diretor, quanto é também seu próprio objeto[20] que colocou em cena, para satisfazer o Outro faltoso, que foi da mesma forma criado por ele[21].

Todo o conflito imaginário do Édipo situa-se, então, como defesa neurótica, em que a castração imaginária se torna um mal menor diante da castração que realmente se quer evitar, que é a castração do ser do sujeito diante do significante[22], diante da falta da Coisa, que é o significante encarnado, como diz Juranville[23].

A partir daqui, podemos avaliar de melhor perspectiva o que representa o falo, que é, na verdade, um arremedo de ser: ser, para o Outro, o falo que lhe falta é, na verdade, para o sujeito, um arremedo de sua própria falta-em-ser, da mesma maneira que ter o falo é um arremedo de sê-lo. Lacan dizia que o significante é o que representa um sujeito para outro significante[24], e este significante que representa o sujeito é o falo, que é, em si mesmo, um representante da falta para outro significante, que é o Outro, que também representa uma falta, falta que somente pode ser contornada por essa representação mútua.

---

20. "... En la situación que marca Lacan, el objeto está perdido; sin embargo, al sujeto no le queda, para rescatar-se em su ser, otra alternativa que ser su objeto, implicándose así en su fantasma. Decir que el sujeto 'tiene' un fantasma sería incurrir en una definición psicológica. Por el contrário, el sujeto está tomado, capturado, por la propia referencia al fantasma..." (HARARI, R., *Fantasma: fin del analisis?*, Buenos Aires: Nueva Visión, 1990, p. 22).

21. "Na constituição do fantasma, frente a uma falta imaginária do corpo do outro, o ser falante faz a oferenda real de seu corpo como pedaço imaginário faltando ao Outro. Ora, o Nome-do-Pai aparece como um Outro a mais, um terceiro a quem se recorre justamente para que ele garanta que a colagem do fantasma não se realizará, sobretudo sob a forma d'A Mãe; esse terceiro vai assim permitir ao neurótico perseguir o gozo do Outro, projeto de seu fantasma, de outra forma que não pela oferenda real de seu corpo: pelo significante..." (CALLIGARIS, C., *Hipótese sobre o fantasma*, Porto Alegre: Artes Médicas, 1986, p. 58).

22. "... Lacan diz que a verdadeira castração não é a castração da fantasia, mas a operação real introduzida pela incidência do significante, ..." (JURANVILLE, A., *Lacan e a Filosofia*, Rio de Janeiro, Jorge Zahar Editor, 1987, p. 180).

23. "... A experiência do real como dimensão radical do significante é o encontro originário com a falta de plenitude. Neste se situa a Coisa. Se quisermos partir do significante verbal, ela é o significante encarnado, real" (*ibid.*, p. 188).

24. "... o significante, diversamente do signo, é aquilo que representa um sujeito para outro significante..." (LACAN, J., *Seminário VII — O avesso da psicanálise*, Rio de Janeiro: Jorge Zahar Editor, 1992, p. 27).

A ESTRUTURA DA HISTERIA em Madame Bovary

Essa é a base fundamental do significante fálico, e não, como se pode às vezes pensar, um substituto simbólico do pênis, pois, embora ele o seja, o falo logicamente preexiste ao pênis, que já está investido de uma qualidade fálica. É por isso que o falo, e não o pênis, é imaginado como estando no corpo da mãe e de cuja ausência é tão difícil se convencer, mesmo o menino que tem ali seu pênis para compará-lo com o das meninas que ele imagina como o tendo também.

Todo o drama imaginário do Édipo[25], em que, a partir da percepção da ausência do falo na mãe, o menino se afasta desta pelo temor de igualmente perdê-lo (angústia de castração), e a menina, que se afasta também, só que com ódio (reivindicação histérica) e desprezo por não tê-lo recebido dela, acaba, como o menino, por aproximar-se do pai, numa base identificatória e, depois, como objeto de desejo. Todo esse drama, tão bem descrito por Freud, deve ser referido, então, a uma perda anterior, uma castração mais fundamental, que é a perda da Coisa pela intrusão do significante que deu origem ao falo.

Mas, se o falo é o representante do sujeito para o Outro, ele só o é porque, passando pela experiência da castração simbólica na metáfora paterna, deixa de ser o objeto de desejo do Outro (desejo da mãe) para ser o sujeito de seu próprio desejo, que não deixa de ser o desejo do Outro, só que agora metaforizado pelo Nome-do-Pai, com o qual o sujeito se identifica, fazendo-se portador da Lei.

Se o falo, enquanto significante por excelência, testemunha a ação da metáfora paterna, o que testemunha a perda do objeto primordial, da Coisa, implicada pela própria ação da metáfora paterna, é o aparecimento do objeto *a*. Objeto metonímico do objeto primordial perdido, o objeto *a*, enquanto objeto eternamente faltante, estará no lugar de todos os objetos que irão substituir o objeto perdido.

O objeto *a* é a prova de que houve a castração, de que o objeto está perdido. E a prova de que ele está perdido é que existe um sujei-

---

25. Cf. FREUD, S., *Obras Completas – La disolución del complejo de Edipo, op. cit.*, v. 3.

Sérgio Scotti

to à sua procura, um sujeito que deseja, que está submetido à lei do significante. E é essa mesma lei que o remete novamente à Coisa, só que na forma do objeto *a*, que é *a face real do significante fálico*, como diz Alain Juranville em *Lacan e a Filosofia*[26]. Na forma do objeto *a*, pois que a Coisa está interdita, primeiro pela ação do significante, e está interdita também na forma do Outro, de quem se deseja ser o falo, pela ação da metáfora paterna que recalca (recalque originário) esse desejo, tornando-o inconsciente, criando, mesmo, o inconsciente. Ou seja, o reencontro com a falta no objeto *a*, que nunca é totalmente satisfatório, remete novamente o sujeito à metáfora paterna, que, por meio de identificações e reinvestimentos, procura encontrar o falo na forma de tê-lo (homem) ou de não tê-lo (mulher), mas encontrando-o *junto àquele que o tem*[27]. E é nessa dialética, então, que o falo circula e o desejo é impulsionado de demanda em demanda na insatisfação permanente do desejo original, que, como vimos, é desejo de nada.

Se, como vimos anteriormente, o lugar da mãe é problemático, o lugar do pai não é menos. Ele, na medida em que depende de sua relação com a mãe, com a criança e com o falo, está sujeito a dificuldades e percalços também.

O primeiro deles e talvez o mais dramático aparece justamente quando ele não tem lugar no discurso da mãe, quando ele está foracluído e, portanto, inacessível à criança, que, por isso mesmo, tem barrado seu acesso à simbolização e ao desejo, que é o caso da psicose[28].

Mas, além dessa dificuldade mais radical, existem outras mais relativas, que, de qualquer forma, dificultam o acesso da criança à simbolização e às identificações que a colocarão no mundo como ser falante e sexuado.

---

26. JURANVILLE, A., *Lacan e a Filosofia*, Rio de Janeiro: Jorge Zahar Editor, 1987, p. 138.

27. LACAN, J., "As formações do inconsciente", Seminário de 22 de janeiro de 1958, citado por DÖR, J., *op. cit.*, p. 88.

28. Cf. LACAN, J., *Seminário III – As psicoses*, Rio de Janeiro, Jorge Zahar Editor, 1985, pp. 232, 233, 344, 345.

A ESTRUTURA DA HISTERIA em Madame Bovary

Uma dessas dificuldades decorre de o pai ter de dar provas de que satisfaz à mãe, de que é capaz de acalmar a mãe, dando-lhe o falo que supostamente ele possui. Se algo falha nesse aspecto, seja porque o pai não consegue dar essas provas, seja porque a mãe não significa essa satisfação em seu discurso, seja porque a criança se recusa a supor que o pai satisfaz à mãe, mesmo com as provas que ele dá e que lhe podem parecer insuficientes, o que ocorre é que: o acesso às identificações e a proteção que o pai dá à criança, abrigando-a do desejo desestruturante da mãe, isso falha no sentido de dar a ela a oportunidade de uma identificação sexual mais estável e, também, no sentido de uma renúncia ao gozo de ser o falo da mãe que permanecerá, assim como algo que, no horizonte, tanto fascina quanto aterroriza, porquanto, mesmo que seja um gozo impossível, se fosse possível, representaria o desaparecimento do sujeito enquanto sujeito do desejo subsumido, então, como objeto de gozo do Outro, ainda que esse desejo do sujeito seja desejo do Outro.

Outra dificuldade é a de que o gozo propiciado pela instauração da metáfora paterna é o gozo fálico, gozo parcial, que é o único gozo possível, como diz Juranville citando Lacan[29]. O gozo fálico enquanto gozo de órgão se torna deficitário se comparado ao gozo absoluto, aquele imaginado como possível se se pudesse ser o falo do Outro. Nesse caso, o gozo fálico é rejeitado como insuficiente e substituído por um gozo outro, que é o gozo da insatisfação: insatisfação que, embora implique sofrimento, mantém no horizonte o gozo absoluto.

Ao introduzirmos os aspectos que podem falhar na instauração da metáfora paterna, já estamos introduzindo também, não inadvertidamente é claro, alguns traços estruturais da histeria. E não é inadvertidamente também que os introduzimos quando falamos da figu-

---

29. "... Plenitude do gozo, mas reservada ao próprio falo, que é, segundo Lacan, o que goza propriamente – plenitude inseparável da 'suspensão' do resto do corpo. O gozo fálico é de fato realização do desejo, mas realização radicalmente falha e parcial. Entretanto, ele é o lugar primordial onde se comprova para o sujeito a 'instância' de uma plenitude absoluta que só aparece em sua falta..." (JURANVILLE, A., *Lacan e a Filosofia*, Rio de Janeiro, Jorge Zahar Editor, 1987, p.198).

Sérgio Scotti

ra problemática que é o pai na histeria. Já se disse que o excesso de pai na histeria revela, na verdade, uma falta de pai[30], falta que se manifesta na forma do pai castrado. Pai castrado, pois que não sabe responder à questão do que quer uma mulher e, por conseqüência, do que é A Mulher. O pai da histérica falha talvez menos por uma falha real do que por um desejo da histérica, por uma estratégia íntima (o lado sem fé da histérica), em que ela faz o pai falhar numa armadilha, que é a armadilha da sedução.

Mas vamos deixar a questão da sedução e de sua articulação com a falha da metáfora paterna para um próximo capítulo, pois não se pode falar de tudo ao mesmo tempo.

Vejamos agora como se desenrola a questão da castração e da relação ao Outro em Madame Bovary.

Emma Bovary deseja. E é de seu desejo sempre insatisfeito que Flaubert irá nos falar durante todo o seu romance. Esse desejo é tanto a razão da vida quanto do infortúnio de Emma Bovary. E se Emma deseja é porque passou pela experiência da castração, mas, ao modo da histérica, tentando a todo custo evitá-la. Como vemos Emma evitar sua castração? Quais são os recursos de que se utiliza? Quais são as estratégias que desenvolve para recuperar o falo e a completude?

A colocação das coisas dessa forma pode dar a impressão de que estamos falando de um ser maquiavélico, que age consciente e premeditadamente. Tudo o contrário: estamos falando de um ser que é mais efeito de suas ações, as quais, mais do que comandadas por um eu consciente, são determinadas pelo que é recalcado, que é o mecanismo por excelência da histeria. E o que é o recalcado?

Segundo a fórmula de Lacan, o recalcado é aquilo mesmo que recalca, que é o sintoma. E o sintoma de Emma Bovary é o amor, o amor paixão!

O amor paixão é o representante do falo recalcado, que recalca o falo enquanto se apresenta como amor paixão e que é o falo mes-

---

30. "Hay un exceso de padre en la histeria que enmascara el fracaso de la metáfora paterna..." (RABANEL, J. R. *et al.*, El padre de la histerica y del obsesivo, *in Histeria y obsesión*, Buenos Aires, Manantial, 1986, p. 65).

A ESTRUTURA DA HISTERIA em Madame Bovary

mo enquanto recalcado. A paixão se dirige ao outro, que, enquanto objeto desse amor, se torna o Outro desejável, ou melhor, amorável. Mas esse Outro só se torna amorável na medida em que se apresenta como semblante de si mesmo, pois que, amando o Outro, o que Emma Bovary ama é a si mesma. Amar o outro para amar a si mesmo, o que é possível elevando o outro à categoria de Outro. Essa é a face narcísica do amor histérico, que acreditamos seja conseqüência, senão compensação mesmo de uma falha, durante a fase do espelho, de uma identificação com o primeiro Outro,

> *En la histeria se trata de um transtorno en la primera identificación... Hay allí una defección de la madre, que es lo que va a tornar para el sujeto, impossible asumir su imagen[31].*

Isso explica o aparecimento de manifestações aparentemente psicóticas na histérica, como a despersonalização, fantasias de fragmentação do corpo e/ou delírios de negação, onde, contudo,

> *... el significante fálico no falta nunca, y es possible para el sujeto hacer conciente las significaciones que están enmascaradas en el delirio[32].*

Coincidência ou não, o que notamos é a ausência quase que total da mãe de Emma Bovary no romance. Ela somente é mencionada, e justamente por sua ausência, quando o autor informa sobre sua morte ocorrida há dois anos na primeira visita de Charles Bovary, futuro marido de Emma, à casa de Rouault, pai de Emma,

> *... Sua mulher morrera há dois anos (pp. 30-31).*

---

31. CABRAL, E. e QUIJANO, L., Reflexiones sobre la diferenciación entre locura histérica y psicosis disociativa, *in Histeria y obsesión*, Buenos Aires, Manantial, 1986, p. 124.
32. *Ibid.*, p. 124.

Sérgio Scotti

Alude-se a ela quando Rouault, tentando consolar Charles pela morte de sua primeira mulher, dizendo-lhe:

> — *Sei o que é isso! dizia, batendo-lhe no ombro; eu também passei por isso! Quando perdi minha pobre defunta,... (p. 37).*

Essa frase é ambígua por sinal, pois sugere que ela já era defunta mesmo antes de morrer. Reporta-se a ela, ainda, quando Emma chora a sua morte:

> *Quando sua mãe morreu, ela chorou muito nos primeiros dias. Mandou fazer um quadro fúnebre com os cabelos da defunta e, numa carta que enviou aos Bertaux, cheia de idéias tristes sobre a vida, pedia que a enterrasem mais tarde no mesmo túmulo (pp. 55-56).*

Mas, como se vê pela reação de Emma à morte da mãe, sua ausência revela, na verdade, uma forte presença no espírito de sua filha, não tanto pelo luto dramático e meio teatralizado que realiza:

> *... Deixou-se pois deslizar nos meandros lamartinianos, ouviu as harpas sobre os lagos, todos os cantos dos cisnes moribundos, todas as quedas das folhas, as virgens puras que sobem ao céu e a voz do Eterno falando nos pequenos vales (p. 56),*

e do qual logo se recupera sem grandes marcas,

> *... Aborreceu-se, não quis reconhecê-lo, continuou por hábito, em seguida, por vaidade e surpreendeu-se enfim por sentir-se apaziguada e sem mais tristezas no coração do que rugas na fronte (p. 56),*

59

A ESTRUTURA DA HISTERIA em Madame Bovary

mas mais pelos fantasmas de Emma, nos quais quem aparece é a mãe que nunca morrerá em seu coração, a mãe mítica, a mãe que no fantasma aparece transformada nas

... mulheres ilustres e infelizes. Joana D'arc, Heloise[33], Agnés Sorel[34], a bela Ferronnière[35] e Clémence Isaure[36], para ela destacavam-se como cometas na imensidão tenebrosa da história... (p. 54),

ou, ainda, quando

Teria desejado viver em algum velho solar como aquelas castelãs de longos corpetes... a olhar um cavaleiro de pluma branca... (p. 53).

Enfim, evoca-se a mãe decaída dos fantasmas neuróticos — veja a novela familiar do neurótico em Freud[37], em que a criança, ao descobrir o comércio sexual dos pais, vê a mãe como uma decaída que a trai com o pai e imagina, então, que ela também o trai com outros homens —, com a qual ela se identifica agora e que encarnará, mais tarde, no gozo do adultério:

Lembrou então as heroínas dos livros que lera e a legião empírica daquelas mulheres adúlteras pôs-se a cantar em sua memória com as vozes das irmãs que a encantavam. Ela mesma tornava-se como uma parte real daquelas imagens... (p. 178).

---

33. Heloise (1101-1164) foi o grande amor de Abelardo, com quem trocou cartas apaixonadas (nota do autor).

34. Favorita de Carlos VII (1422-1450). Morreu envenenada (nota do autor).

35. Esposa do advogado do Parlamento de Paris, Le Ferron. Foi seduzida por Francisco I(nota do autor).

36. Senhora de Toulouse que, segundo a lenda, fundou a Académie des Jeux Florax no século XVI.

37. FREUD, S., *Obras completas — La novela familiar del neurotico, op. cit.*, v. 2, p. 1362-1363.

Sérgio Scotti

É assim que Emma passa sua adolescência no convento em que, aos 13 anos dela, seu pai a internou,

... Vivendo, pois, sem nunca sair da tépida atmosfera das aulas e entre aquelas mulheres de tez branca,... ela entorpeceu-se docemente ao langor místico que se exala dos perfumes do altar,... (p. 52).

No convento, apesar de tudo e de estar afastada dos pais reais, não falta a insinuação da cena primitiva na qual pai e mãe míticos copulam:

... As comparações de noivo, de esposo, de amante celeste e de casamento eterno que se repetem nos sermões provocavam-lhe no fundo da alma doçuras inesperadas (p. 52).

Nessa atmosfera meio sexual, meio espiritual, onde se pretende desenvolver tanto habilidades práticas quanto espirituais e, mesmo, mais as espirituais, para afastar as mocinhas do vício, é que justamente o que mais se desenvolve, pelo menos no caso de Emma, é o vício. O vício torna-se para ela a leitura dos romances trazidos pela solteirona de antiga família fidalga, nos quais

... Eram somente amores, amantes, senhoras perseguidas que desmaiavam em pavilhões solitários, ..., tumultos do coração, promessas, soluços, lágrimas e beijos... cavalheiros corajosos como leões, doces como cordeiros, virtuosos como ninguém pode ser, ... (p. 53).

Tais romances, na verdade, apenas estimulam a intensa atividade fantasmática característica da histérica, na qual a copulação dos pais, que a própria atmosfera religiosa se encarrega de elevar à categoria de pais míticos, leva, conseqüentemente, ao fantasma da mãe adúltera, o Outro decaído que terá papel fundamental no desenvolvimento da história de Madame Bovary.

A ESTRUTURA DA HISTERIA em Madame Bovary

Portanto, é assim que se configura inicialmente, para nós, a questão do Outro e da castração ou o modo pelo qual se evita a castração no personagem de Flaubert: na metáfora paterna, que, significada no discurso da mãe, por meio do significante fálico que aparece do lado do pai como o possuindo; algo dessa significação falha, seja por uma defecção ou desconfirmação da mãe, seja por uma falha do pai em dar provas de que possui o falo, seja por uma recusa do sujeito em abrir mão do falo, o que ocasiona, então, uma disputa permanente pela posse deste.

Para evitar sua própria falta, como dizíamos, Emma recorre ao fantasma em que o Outro, já decaído de sua condição de Coisa, pois que, ao encontro com sua falta na cena primitiva, a Coisa se torna o Outro da falta, Emma tentará preenchê-la com o amor paixão. À falta do falo, à falta da plenitude da Coisa, responde-se com a plenitude da paixão. Falta do Outro, que é a sua própria falta; falta da mãe infiel, com quem Madame Bovary se identificará.

Resta-nos ainda, neste capítulo, considerar mais atentamente, na obra de Flaubert, outro traço da estrutura histérica já mencionado, que é a relação com o pai castrado, o pai impotente. De novo, vemos aqui como na histeria se tenta obliterar a própria castração com a castração no Outro, primeiro na mãe, agora no pai.

Na impossibilidade de alcançar a mãe, na impossibilidade do incesto – sinal de que a lei, de alguma forma, se instalou –, a histérica, apesar disso, não deixará de questionar essa lei, não deixará de tentar desestabilizar essa lei, paradoxalmente, por meio da idealização do pai. Então, na impossibilidade da mãe, a histérica alça o pai à qualidade de grande Outro, com referência ao qual o pai real ou seus substitutos estarão sempre aquém. Esse é o engodo do pai ideal na histeria, pois, de saída, se trata de um impossível, de um pai impossível, ao qual nenhum homem conseguirá se igualar, mesmo porque ele não existe.

É a partir desse engodo que a histérica irá, então, em busca de um mestre sobre o qual possa reinar. É também esse logro que permitirá à histérica manter no horizonte a mãe como objeto de desejo,

Sérgio Scotti

além do pai. Mas, antes de tudo, esse é um logro que permite à própria histérica enganar-se a si mesma e ao outro, a respeito de seu próprio saber, o saber que ela procura no outro, porque, do seu próprio saber, ela não quer nada saber, já que se trata de sua própria castração. Tal saber, na verdade, é um saber sobre nada, pois o que a castração esconde é a plenitude, uma plenitude que não existe, portanto, um nada: um nada que, ao mesmo tempo, é tudo, pois, mais do que um jogo de palavras, o que ele produz, com efeito, é a trama psíquica do humano, que, no caso da histeria, tem o pai castrado como um de seus protagonistas. E como ele aparece em Madame Bovary?

Desde o início da obra de Flaubert, a figura masculina, o substituto da figura paterna, é apresentado como castrado. Essa castração aparece de forma quase caricata no personagem Charles Bovary, o futuro marido de Emma, nossa heroína.

Desde o primeiro capítulo, a impotência de Charles nos é representada por sua mediocridade,

... um personagem medíocre, incapaz de ultrapassar a superfície das coisas (comentário de Fúlvia Moretto, tradutora e apresentadora do romance, p. 10).

Além de medíocre, Charles nos é apresentado como homem fraco, totalmente dominado pela mãe e pela primeira mulher, uma viúva, Sra. Dubuc, com quem Charles se casa por interesse, num matrimônio arranjado pela mãe:

Charles entrevira com o casamento, ... que seria mais livre e poderia dispor de sua pessoa e de seu dinheiro. Porém a mulher foi o chefe; ele devia, na sociedade, dizer isso e não aquilo, ..., vestir-se como ela entendia, ... e escutava suas consultas através da parede do consultório, quando havia mulheres (pp. 28-29).

63

A ESTRUTURA DA HISTERIA em Madame Bovary

Quanto a Rouault, o pai de Emma, embora não seja apresentado de forma tão caricata, também aparece de forma apequenada, tanto pela influência quase nula que tem no desenrolar do romance, quanto pela sua descrição física:

... Era um homenzinho gordo de cinqüenta anos, pele clara, olhos azuis, com a testa calva e que usava brincos (p. 32).

Um aspecto que nos chama a atenção, pelo seu valor simbólico, é o de que Charles é chamado (Charles era oficial de saúde, uma categoria inferior à de médico) para atender a perna quebrada de Rouault, ocasião em que tem seu primeiro contato com a casa dos Bertaux e com Emma, fato que não nos sugeriria uma alusão à castração, ao defeito, à fraqueza, se não aparecesse de novo em outras tantas circunstâncias, como, ao fim do romance, em que Rouault termina paralítico, e quando outro personagem, Hippolyte, personifica igualmente o defeito, a castração, numa perna torta.

De qualquer forma, de maneira geral, os homens, no romance de Flaubert, vão mal das pernas; quase todos têm pequena estatura moral, intelectual e de sentimentos:

... Também nenhuma grandeza apresentam Léon, Rodolphe e Homais, este último envolvido em sua ridícula grandiloqüência..., Lheureux, ameaçador em seu hipócrita rastejar, ou Binet, fechado em sua misantropia (apresentação de Fúlvia Moretto, p. 10).

Um único homem de peso aparece ao fim do romance: o Dr. Larivière. Mas tarde demais, quando Emma já está à beira da morte. Nem este consegue personificar o pai ideal, pois o sintoma de Emma o vencerá, não lhe dando sequer a oportunidade de uma última batalha.

Tendo, assim, apresentado as figuras masculino-paternas do romance, aguardemos, então, para os próximos capítulos, outra articulação entre a castração, a metáfora paterna, a sedução e as desventuras de nossa heroína no casamento e no adultério.

Sérgio Scotti

Madame Bovary e a metáfora paterna

Costuma-se dizer, a partir de Lacan, que a histérica busca um mestre sobre o qual possa reinar[1]. Cremos que uma maior precisão sobre essa afirmação nos levará a uma melhor compreensão da estrutura da histeria e de como esta se manifesta na trama de *Madame Bovary*. Quando Charles Bovary ainda era casado com Héloïse – sua primeira mulher, que, como vimos, dominava totalmente o marido em um casamento de conveniência –, ele foi chamado à casa dos Bertaux para cuidar do pai de Emma e por ela logo se encantou:

Charles surpreendeu-se com a brancura de suas unhas... O que tinha de belo eram os olhos..., e seu olhar atingia o interlocutor com franqueza e com uma cândida ousadia (p. 32).

---

1. "... Ela quer que o outro seja um mestre, que saiba muitas e muitas coisas, mas, mesmo assim, que não saiba demais, para que não acredite que ela é o prêmio máximo de todo o seu saber. Em outras palavras, quer um mestre sobre o qual ela reine. Ela reina, e ele não governa" (LACAN, J., *Seminário XVII – O avesso da psicanálise*, Rio de Janeiro, Jorge Zahar Editor, 1992, p. 122).

65

A ESTRUTURA DA HISTERIA em Madame Bovary

Seduzido pelos encantos dela,

Em lugar de voltar aos Bertaux três dias após como havia prometido, ele voltou logo no dia seguinte, depois regularmente duas vezes por semana, sem contar com as visitas inesperadas que fazia de vez em quando, como que por descuido (p. 33).

A sedução que Emma exercia sobre Charles logo foi percebida pela mulher dele:

— É por isso então, dizia a si mesma, que seu rosto se regozija quando vai vê-la e que põe seu colete novo com o risco de estragá-lo? Ah! Essa mulher! Essa mulher! (p. 35).

Por outro lado, Emma não evitava o *flirt* que Charles lhe fazia:

Ela sempre o acompanhava até o primeiro degrau da escada externa. Enquanto não traziam seu cavalo, ela permanecia ali (p. 34).

Mas, com a cena de ciúmes de sua mulher —

Héloïse fizera-lhe jurar que não iria mais, com a mão sobre o livro de missa, após muitos soluços e beijos, numa grande explosão de amor (p. 35) –,

Charles deixou de visitar Emma. No entanto,

... a ousadia de seu desejo protestou contra o servilismo de sua conduta e, por uma espécie de hipocrisia ingênua, julgou que aquela proibição de vê-la era para ele como um direito de amá-la (p. 35).

Sérgio Scotti

Em seguida a esses acontecimentos, depois de um escândalo provocado pela descoberta de que Héloïse mentira sobre o verdadeiro valor de seu dote, esta morre de maneira surpreendente:

... Charles se virava para fechar a cortina da janela, ela disse: "Ah! Meu Deus!", deu um suspiro e desmaiou. Estava morta! Que assombro! (p. 36).

Depois de pouco tempo, antes mesmo de terminar o luto formal de Charles, este e o pai de Emma, Rouault, acertaram o casamento:

... havia, aliás, muito tempo, visto que o casamento não podia, decentemente, realizar-se antes do final do luto de Charles, isto é, por volta da primavera do próximo ano (p. 41).

O casamento realiza-se, então, à moda do campo, e o casal vai morar em Tostes, onde Charles tem sua clientela. Aqui começa o périplo de nossa heroína pelos meandros da desilusão do casamento, que desemboca na doença, no adultério e, finalmente, no suicídio. Mas será o casamento infeliz a verdadeira razão dessa tragédia? Antes de continuarmos a acompanhar o desenrolar da história, tentemos responder a estas questões: o que fazia Emma tão desiludida e infeliz? Já não haveria ela percebido a mediocridade ou, ao menos, a falta de jeito de seu pretendente?

Quanto a Charles, não procurou ele perguntar-se por que vinha aos Bertaux com prazer. Se tivesse pensado no fato, teria sem dúvida atribuído seu zelo à gravidade do caso ou talvez ao proveito que dele esperava (p. 34).

Mesmo no casamento,

Charles não possuía temperamento brincalhão, não brilhara durante o casamento. Respondeu de forma medíocre

A ESTRUTURA DA HISTERIA em Madame Bovary

aos ditos picantes, aos trocadilhos, às palavras de duplo sentido, ... (p. 46).

Talvez a questão não seja a de saber se Charles era capaz ou não de fazer feliz Emma ou qualquer outra mulher, mas a de saber o que Emma esperava de Charles. E o que ela esperava dele? Aqui devemos fazer alto e lembrar-nos de que tratamos de personagem que tem existência unicamente nas linhas do texto de Flaubert e que, portanto, nos estaríamos excedendo ao supor nela expectativas e intenções além do texto. No entanto, o desenrolar da história nos mostrará que podemos permitir-nos tais suposições. Podemos dizer, então, que o que Emma esperava de seu marido era que ele fosse mestre, ou seja, que fosse capaz de dar-lhe a felicidade.

Em se tratando do personagem Charles, que já conhecemos bastante bem, havia grande defasagem entre o tipo de felicidade que ele poderia oferecer no casamento à sua mulher e aquele que Emma esperava.

A bem da verdade, o próprio texto mostra-nos essa defasagem e a cegueira de Emma quanto a Charles, antes do casamento:

Quando Charles foi aos Bertaux pela primeira vez..., a ansiedade de um novo estado ou talvez a excitação causada pela presença daquele homem bastara para fazer-lhe acreditar que possuía, enfim, a paixão maravilhosa que até então era considerada como um grande pássaro de plumagem rósea planando no esplendor dos céus poéticos; — e não podia imaginar, agora, que aquela calma em que vivia fosse a felicidade com que sonhara (pp. 56-57).

... Ela pensava, às vezes, que eram aqueles, todavia, os mais belos dias de sua vida, a lua-de-mel, como se dizia... Mas como explicar um indefinível mal-estar que muda de aspecto como as nuvens que redemoinham como o vento? (p. 57).

... Se Charles o tivesse desejado, todavia, se o tivesse suspeitado, se seu olhar por uma única vez tivesse ido ao en-

Sérgio Scotti

contro de seu pensamento, parecia-lhe que uma abundância súbita ter-se-ia destacado de seu coração como cai a colheita de uma espaldeira ao ser sacudida. Mas, à medida que se estreitava mais a intimidade de suas vidas, realizava-se um afastamento interior que a desligava dele.

A conversa de Charles era sem relevo como uma calçada e as idéias de todo o mundo nela desfilavam com seu traje comum, sem excitar emoções, riso, ou devaneio... Não sabia nadar, nem esgrimir, nem atirar e não pôde, um dia, explicar-lhe um termo de equitação que ela encontrara num romance.

Um homem, pelo contrário, não deveria conhecer tudo, ser exímio em múltiplas atividades, iniciar uma mulher nas energias da paixão, nos refinamentos da vida, em todos os mistérios? Mas ele nada ensinava, nada sabia, nada desejava. Julgava-a feliz e ela tinha-lhe raiva por aquela calma tão bem assentada, por aquele peso sereno, pela própria felicidade que ela lhe dava (pp. 57-58).

... Ele voltava tarde, às dez horas, às vezes, à meia-noite. Então queria comer e, como a empregada já estivesse deitada, era Emma quem o servia. Ele despia a sobrecasaca para jantar mais à vontade. Contava exatamente todas as pessoas que encontrara, as aldeias que visitara, as receitas que escrevera e, satisfeito consigo mesmo, comia o resto da carne com cebola, debulhava seu queijo, comia uma maçã, esvaziava sua garrafa, depois punha-se na cama, deitava-se de costas e roncava (p. 59).

Emma, apesar de tudo, ainda tentava reanimar seus sonhos de felicidade:

... segundo teorias que julgava boas, quis entregar-se ao amor. Ao luar, no jardim, recitava todas as rimas apaixonadas que sabia de cor e cantava, suspirando, alguns adágios melancólicos; mas sentia-se em seguida tão calma quanto antes e Charles não parecia nem mais apaixonado nem mais perturbado.

A ESTRUTURA DA HISTERIA em Madame Bovary

Quando acabou assim de tentar inflamar seu coração sem fazer brilhar nem uma faísca, incapaz, além disso, de compreender o que não sentia, como de acreditar em tudo o que não se manifestava por formas convencionais, persuadiu-se sem dificuldade de que a paixão de Charles nada mais tinha de exorbitante. Suas expansões haviam-se tornado regulares; ele a beijava em determinadas horas. Era um hábito como os outros e como uma sobremesa prevista com antecedência após a monotonia do jantar (p. 60).

Enfim, desiludida, ela se pergunta:

— Por que, meu Deus, eu me casei? (p. 61).

E já pensando em um substituto para seu mestre decaído:

Perguntava se não teria havido uma maneira, outras combinações do acaso, de encontrar um outro homem; ... aquele marido que ela não conhecia... Teria podido ser belo, espirituoso, distinto, atraente, assim como eram, sem dúvida, os que haviam desposado suas antigas colegas do convento (p. 61).

Emma, então, deprime-se:

... sua vida era fria como uma água-furtada cuja lucarna dá para o norte e o tédio, aranha silenciosa, tecia sua teia na sombra em todos os recantos de seu coração (p. 61).

Freud não podia estar mais certo ao conclamar os poetas para dizerem dos segredos da alma feminina[2]. Embora estejamos tratan-

---

2. "... Si queréis saber más sobre la feminidad, podéis consultar a vuestra propria experiencia de la vida, o preguntar a los poetas, ..." ("... Se querem saber mais sobre a feminilidade, podem consultar sua própria experiência de vida, ou perguntar aos poetas, ..."). A tradução é nossa. FREUD, S., *Obras Completas – La feminidad in Nuevas lecciones introductorias al psicoanalisis*, trad. Lopez-Ballesteros y de Torres, Biblioteca Nueva, 1973, v. 3, p. 3178).

Sérgio Scotti

do aqui, como supomos, de um exemplo de histeria, de uma de suas descrições mais belas e precisas, estamos também tratando da questão da feminilidade:

> *... a histeria não se manifesta apenas como uma neurose, mas também, simplesmente, como uma maneira de colocar a problemática da feminilidade[3].*

E qual é a questão da feminilidade? Como diz Lacan, em sua polêmica afirmação, *a mulher não existe*[4]. Isso significa dizer, de forma mais precisa, que não existe, no inconsciente, no Outro ou, como queiram, na mãe, o oferecimento de um significante propriamente do sexo feminino, pois que no Outro, enquanto lugar de onde advêm todos os significantes, o significante por excelência é o falo, o único ao qual a mulher (e o homem também) pode ser remetida como regulador da sexuação.

Freud mostrou-nos, nos seus últimos trabalhos sobre a feminilidade[5], como o tornar-se mulher implica uma mudança tanto de objeto quanto de atitude, via identificação, em que a menina, originalmente identificada à mãe, se afasta desta com ódio por perceber, nela e em si mesma, a falta do falo e se dirige ao pai, primeiro, como base identificatória e, depois, como objeto de amor no qual ela espera encontrar o falo na forma do filho.

Da mesma forma pela qual o falo é o que permite à mulher realizar sua sexuação, não na forma do tê-lo, mas de procurá-lo onde sabe poder encontrá-lo, ou seja, do lado do homem, assim o falo também é o limite do gozo com que tanto a mulher quanto o homem têm de se defrontar: a rocha da castração de Freud[6], que na mulher aparece como inveja do pênis.

---

3. ANDRÉ, S., *O que quer uma mulher?*, Rio de Janeiro, Jorge Zahar Editor, 1987, p. 114.

4. "... Não há *A* mulher, artigo definido para designar o universal..." (LACAN, J., *Seminário XX – Mais ainda*, Rio de Janeiro, Jorge Zahar Editor, 1985, p. 98).

5. *Sobre a sexualidade feminina*, 1931; A feminilidade *in Novas lições introdutórias à psicanálise*, 1933.

6. Cf. FREUD, S., *Obras Completas – Analisis terminable e interminable, op. cit.*, v. 3.

A ESTRUTURA DA HISTERIA em Madame Bovary

Indo adiante do impasse a que chegou Freud, Lacan propõe que, no caso da mulher, embora ela seja regulada mesmo pela castração e pelo falo na sua forma de sexuação (tal como o homem), existiria nela, porém, uma modalidade de gozo além do falo[7]. Apesar de o gozo fálico ser a regra, existiria na mulher, e possivelmente no homem em posição feminina, um gozo suplementar ao gozo de órgão: o gozo de corpo.

Então, justamente aquilo que falta à mulher, o significante de seu próprio sexo, que a remete ao falo na forma do não o ter, é o que vai permitir-lhe gozo fora-de-significação, um gozo fora-da-lei da castração, mas, ao mesmo tempo, dependente dela na medida em que só é fora-da-castração porque a regra é o gozo fálico, produto da castração[8].

Essa questão do feminino e do que lhe é próprio remete paradoxalmente à questão do homem, que só chega a sê-lo enquanto castrado, comparado àquele pai do mito da horda primitiva de Freud[9], aquele que possuía todas as mulheres, que não era castrado.

Quanto às mulheres, não há outro significante que não o da falta, ou seja, o falo. Não há termo de comparação, como nos homens, que lhes permita ter como referência A mulher. É nesse sentido que deve ser compreendida a afirmação polêmica de Lacan, e não no de saber se a vagina ou o clitóris podem servir de apoio à sexuação da mulher, pois nem mesmo o pênis serve ao homem nesse aspecto, como vimos anteriormente[10].

Mas, se a mulher está submetida à lógica fálica tanto quanto o homem, é justamente pela ausência de um significante próprio do sexo feminino no Outro que a mulher é, também, não-toda fálica.

---

7. LACAN, J., *Seminário XX – Mais ainda*, Rio de Janeiro, Jorge Zahar Editor, 1985, pp. 99-103.

8. Esta compreensão sobre o gozo da mulher enquanto exceção ao gozo fálico nos foi ratificada por Gisèle Chaboudez no curso *Les "Complexes familiaux" (Interdiction e distribution de la jouissance)*, ministrado na Universidade Paris VIII, em novembro e dezembro de 1997, no qual Gisèle colocou o gozo da mulher como *elaboração*, dependente mesmo da castração.

9. Cf. FREUD, S., *Obras Completas – Totem y tabu, op. cit.*, v. 2.

10. Cap. 3, pp. 36-37.

Sérgio Scotti

Ser não-toda fálica implica que a mulher, na forma do gozo suplementar que lhe é próprio, pode estar fora da ação do recalque e, portanto, fora do inconsciente, inominável, irrepresentável, ou seja, no nível da Coisa. Daí o feminino ser freqüentemente associado ao mistério, ao desconhecido, atraente e temível.

Daí, também, o feminino se prestar à *mascarada*, na qual a aparência do falo enquanto semblante, na forma do corpo, da roupa ou do adorno, sugere à mulher uma essência feminina sempre indecifrável. Tal essência lhe falta tanto quanto no homem enquanto seres falantes, o que lhes confere a falta-em-ser (*vide* capítulo anterior), mas, ainda mais, essência que lhe falta no nível do significante de seu sexo.

Essa ausência de um significante propriamente feminino está na base de certa fragilidade da imagem corporal da mulher,

Daí a extrema atenção que as mulheres dão em geral a essa imagem, e a necessidade de serem constantemente reasseguradas de sua feminilidade[11].

A ausência no primeiro Outro – a mãe – do significante feminino provoca, no caso da menina, certa falha na identificação narcísica, imaginária, com aquela. Ela pode buscar suprir isso por meio de um narcisismo exacerbado pela beleza do corpo, como no caso daquelas mulheres de que nos falava Freud[12], mulheres que não amam mais do que a si mesmas. Veremos, então, as proporções que essa falha assume no caso da histeria e quais os seus desdobramentos.

Na verdade, toda essa consideração da questão feminina, que não é nosso objetivo principal, nos serve de introdução para o aspec-

---

11. ANDRÉ, S., *O que quer uma mulher?*, Rio de Janeiro, Jorge Zahar Editor, 1987, p. 114.
12. "... Tales mujeres sólo se aman, en realidad, a sí mismas y con la misma intensidad con que el hombre las ama..." ("... Tais mulheres amam somente, em realidade, a si mesmas e com a mesma intensidade com que os homens as amam..."). A tradução é nossa. FREUD, S., *Obras Completas – Introducción al narcisismo*, trad. de Lopez-Ballesteros y de Torres, Madrid, Biblioteca Nueva, 1973, v. 2, p. 2024.

A ESTRUTURA DA HISTERIA em Madame Bovary

to da histeria que mais nos interessa, a saber: por que Emma precisa de um mestre e por que acreditou encontrá-lo em Charles, tendo depois se desiludido tão amargamente? E a resposta é aquela que a histérica dá.

Por não poder aceitar sua castração e o gozo fálico, que lhe parece insuficiente, ela faz a denúncia de que "a" mulher não cabe dentro do falo, mas delega ao mestre a tarefa de fazê-la aparecer. Essa é a armadilha que a histérica cria para seu mestre e, ao fim, para si mesma.

Incapaz de criar por si mesma a identidade feminina, já que lhe falha a identificação imaginária com a mãe, que seria sustentada no simbólico pelo significante feminino inexistente, ela busca uma identificação no nível simbólico com o pai ideal, aquele que poderia dizer-lhe, segundo o que ela supõe, o que é A mulher.

Poderíamos dizer que, por meio do simbólico, a histérica busca recobrir uma falta no nível do imaginário, que, por sua vez, recobre um real, o real da falta, um vazio, afinal, a falta-em-ser inaugurada pelo significante. A falta de tal significante, no caso da histérica e da mulher em geral, cria, suplementarmente, no corpo um buraco que não pode ser preenchido de forma satisfatória pelo falo, o único significante em torno do qual gira a sexuação de homens e mulheres. O real da falta refere-se, também, a uma relação sexual em que homens e mulheres se complementariam, que, como veremos, a histérica busca alcançar por meio do amor.

No entanto, o pai ideal, sustentado pela identificação simbólica, também falha. Falha porque, se é simbólico, o é porque já passou pela castração. É o pai morto do mito freudiano, simbolicamente morto, que só pode oferecer, também, como signo da sexuação, o falo e o gozo fálico. O dilema da histérica reside em que, por não aceitar sua castração, rejeita o gozo fálico, que seria o único que lhe permitiria alcançar o outro gozo, que, como vimos, só é outro enquanto exceção à regra do gozo fálico. E, pelo lado do pai, ele nunca será ideal o suficiente para evitar que a histérica se defronte com a falta do falo, que nunca será potente o suficiente para levá-la ao gozo d'A mulher, pois que o falo sempre remete à falta. É como se a his-

Sérgio Scotti

térica procurasse alcançar um gozo absoluto, justamente com aquilo que limita o gozo ao relativo: uma tocha que, ao tentar iluminar a escuridão do infinito, a amplia cada vez mais e mais, descobrindo assim, progressivamente, a amplidão do infinito, porque, se a histérica rejeita o gozo fálico, por outro lado é por meio do falo mesmo, o falo sempre potente, que ela busca o outro gozo. Mas, bem sabemos, se há falo é porque houve castração[13].

É justamente ao infinito que se remete a queixa e a demanda da histérica, que apresenta, então, o traço voraz da oralidade, no qual o amor nunca é suficiente para preencher a falta. Essa falta, ao fim, é a própria histérica que a cria para si mesma, o desejo insatisfeito, que mantém no horizonte o gozo absoluto, livre da castração. Nesse cálculo inconsciente da histérica, em verdade, a falta já está dada de saída, e dela a histérica nada quer saber, saber que ela procura no mestre, em quem só encontrará a falta, na forma do falo impotente. Assim é que o lado sem fé da histérica derrota, logo de partida, todo aquele que se propõe, inadvertidamente ou não, a ocupar o lugar de mestre. Aí está o sentido da afirmação de Lacan, segundo a qual a histérica quer um mestre sobre quem possa reinar.

Também é a problemática da histérica que lança luz sobre outra proposição lacaniana[14]: a de que todo objeto é objeto reencontrado, portanto, objeto perdido. A histérica jamais encontra efetivamente seu objeto de amor, pois em verdade nunca o perdeu. Não aceitando sua castração, sempre estará reivindicando a posse do falo, de que se julga desprovida.

É bom ressaltar esse aspecto de que a histérica se julga desprovida do falo para relembrar que a castração, apesar de tudo, apesar da não-aceitação dela, ocorreu, até porque quem o reivindica ter o faz justamente por não o ter. E, se houve a castração , é porque se estabeleceu a metáfora paterna.

---

13. Cap. 3, p. 28.

14. "... Freud insiste no seguinte: que toda maneira, para o homem, de encontrar o objeto é, e não passa disso, a continuação de uma tendência onde se trata de um objeto perdido, um objeto a se reencontrar" (LACAN, J., *Seminário IV – A relação de objeto*, Rio de Janeiro, Jorge Zahar Editor, 1995, p. 13).

A ESTRUTURA DA HISTERIA em Madame Bovary

Sabemos que em nenhum caso a metáfora paterna se estabelece de uma vez por todas. Ela é um processo que se desenvolve continuamente e define uma estrutura que, sem ela, não existiria, ou seja, a estrutura neurótica. No entanto, e este é um traço estrutural da histeria, essa metáfora tem de ser sempre refeita, já que ela padece de um defeito: a extrema idealização do pai.

Essa idealização, como vimos, está, desde a saída, relacionada com uma impotência estrutural do pai em lhe dar, além do gozo fálico, a resposta do que é A mulher. Já percorremos os diferentes móveis e conseqüências dessa idealização. Resta-nos, agora, retornar à nossa heroína e ver como ocorrem nela essa idealização, a conseqüente desilusão e a inevitável busca de outro mestre.

Vimos de que forma Emma Bovary se engana em relação a seu marido: sobre como ele não poderia satisfazer suas expectativas, embora isso não nos cause agora tanta estranheza, já que

... não é indispensável, necessariamente, que o eleito apresente quaisquer disposições comprovadas ao exercício da mestria. Importa, porém, antes de mais nada, que a histérica o entronize, à sua revelia, em tal lugar, na sua economia psíquica[15].

Vimos, também, como a desilusão de Madame Bovary acaba por deprimi-la, arrastando-a, então, para uma melancólica nostalgia dos tempos do convento:

... Com seus cabelos trançados, seu vestido branco e seus sapatos de lã preta decotados, tinha maneiras gentis e os senhores, quando voltava a seu lugar, inclinavam-se para elogiá-la; o pátio estava cheio de caleças, todos diziam-lhe adeus pelas portinholas, o professor de música passava, cum-

---

15. DOR, J., *O pai e sua função em psicanálise*, Rio de Janeiro, Jorge Zahar Editor, 1991, p. 70.

Sérgio Scotti

primentando, com sua caixa de violino. Como estava longe tudo aquilo! Como estava longe! (pp. 61-62).

Mas foram, de novo, as maneiras gentis de Emma que chamaram a atenção do Marquês d'Andervilliers:

... considerou que ela possuía um corpo bonito e que não cumprimentava como uma camponesa; ... (p. 63).

Esse Marquês, de passagem pela casa dos Bovary, para agradecer a pequena intervenção cirúrgica que Charles lhe fizera e o enxerto de cerejas que lhe pediu, convidou-os para o baile no seu palácio em Vaubyessard.

O baile acabou por adiar o crescimento da depressão de Emma, que se entregou aos preparativos como a uma droga, para esquecer seu mestre já decaído, que passou a ser tratado assim quando, ao mencionar que pretendia dançar com ela, ouviu:

— Mas perdeste a cabeça! Debochariam de ti, mantém-te em teu lugar (p. 66).

Ou, ainda, quando ela se vestia para o baile:

Charles veio beijá-la no ombro.
— Larga-me, disse ela, estás me amarrotando (p. 67).

Durante o baile, ela observava aqueles homens que pareciam ter o brilho fálico que faltava a seu marido:

... Em seus olhares indiferentes flutuavam a quietude das paixões diariamente saciadas e, através de suas maneiras suaves, despontava aquela brutalidade particular que confere o domínio de coisas semi-fáceis nas quais a força age e a vaidade se diverte, o manejo dos cavalos de raça e a convivência com as mulheres perdidas (p. 69).

A ESTRUTURA DA HISTERIA em Madame Bovary

Emma esquecia, assim, o tédio e a insipidez de sua vida:

... diante das fulgurações da hora presente, sua vida passada, tão nítida até então, desvanecia-se inteiramente e ela quase duvidava de tê-la vivido (p. 69).

Sua noite coroou-se de satisfação quando um Visconde

... veio por uma segunda vez convidar a Sra. Bovary, assegurando que a guiaria e que ela se sairia bem (p. 70).

Enquanto valsavam,

... suas pernas entravam uma na outra; ele baixava seu olhar para ela, ela levantava o seu para ele; um torpor a invadia, ela se deteve (p. 70).

Depois da festa acabada,

... ela fazia esforços para manter-se acordada a fim de prolongar a ilusão daquela vida luxuosa que teria de abandonar dentro em pouco (p. 71).

Esses esforços se prolongaram em sua imaginação:

... a lembrança daquele baile foi uma ocupação para Emma. A cada quarta-feira ela dizia a si mesma ao acordar: "Ah! Há oito dias... há quinze dias... há três semanas eu estava lá!" (p. 73).

Algumas linhas antes, Flaubert expressa lindamente o fascínio que o brilho fálico exerce sobre a histérica:

Sérgio Scotti

... Resignou-se, contudo: fechou piedosamente na cômoda seu belo vestido e até seu sapato de cetim, cuja sola amarelara-se com a cêra deslizante do assoalho. Seu coração era como eles: ao atrito da riqueza adquirira alguma coisa que não se apagaria (p. 73).

Todavia, a resignação de Emma não persiste, e seus dias em Tostes tentam ser preenchidos imaginariamente com a leitura de revistas e romances:

Passou a assinar a Corbeille, *jornal das mulheres e o* Sylphe des Salons. *Devorava, sem nada esquecer, todos os relatos das primeiras representações, das corridas e dos serões, interessava-se pela estréia de uma cantora, pela abertura de uma loja...; leu Balzac e George Sand, procurando em suas obras satisfações imaginárias para seus desejos pessoais... A lembrança do visconde voltava sempre em suas leituras. Ela estabelecia relações entre ele e os personagens inventados (pp. 74-75).*

Ela vivia em Tostes, mas só pensava em Paris:

... Tinha vontade de fazer viagens ou de voltar a viver em seu convento. Desejava ao mesmo tempo morrer e morar em Paris (p. 77).

Sonhava com

... a imensa região das felicidades e das paixões. Ela confundia, em seu desejo, as sensualidades do luxo com as alegrias do coração, a elegância dos hábitos e as delicadezas do sentimento..., todas as febres da paixão e os langores da ternura... grandes castelos, repletos de lazeres,... (p. 76).

A ESTRUTURA DA HISTERIA em Madame Bovary

Enquanto isso, Charles trabalhava,

... com neve ou chuva, ... mas encontrava, todas as noites, um fogo chamejante, a mesa servida, um aconchego suave e uma mulher finamente vestida, encantadora, exalando um frescor perfumado... (p. 77).

Emma Bovary buscava, com os cuidados domésticos e variadas aquisições, dar algum colorido ao seu cinzento dia-a-dia:

... ora era uma nova maneira de fazer arandelas de papel para as velas, um babado que mudava em seu vestido ou o nome extraordinário de um prato bem simples que a empregada não acertara... ela comprou berloques. Quis para a lareira dois grandes vasos de vidro azul e, algum tempo depois, um estojo de marfim... (p. 77).

Porém, quando pensava no marido, que não tinha ambições e se deixava humilhar pelos colegas,

Um médico de Yvetot, com quem ultimamente se encontrara em consultas, humilhara-o um pouco, na própria cabeceira do doente, diante dos parentes reunidos (p. 78) –,

não podia deixar de dizer para si mesma:

— Pobre homem! Que pobre homem! (p. 78).

Como vemos, Charles não foi capaz de evitar, apesar de tudo, apesar do amor que dedicava à sua mulher –

... Charles era alguém, um ouvido sempre aberto, uma aprovação sempre pronta (p. 79) –,

Sérgio Scotti

não foi capaz de evitar que Emma se defrontasse com a castração, com a incômoda sensação de não possuir o falo. Tal incômodo se transforma em angústia, que ela não consegue aplacar e que aumenta ainda mais quando espera um novo convite do Marquês d'Andervilliers para mais um baile, que não ocorre. A angústia da sensação de sem saída, do confronto com a castração, é descrita desta forma pelo narrador:

... O futuro era um corredor escuro que tinha, ao fundo, uma porta bem fechada (p. 80).

Afundando-se cada vez mais no tédio e na depressão, Madame Bovary deixa suas várias atividades domésticas, descuida da casa, não lê nem toca mais o seu piano:

... Via duquesas em Vaubyessard que possuíam uma cintura mais grossa e maneiras comuns, e execrava a injustiça de Deus; apoiava a cabeça nas paredes para chorar; ... (p. 83).

Finalmente, a angústia transborda para o corpo de Emma, que passa a sofrer de palpitações:

... contraiu uma tosse seca e perdeu completamente o apetite (p. 84).

Diante das queixas de Emma quanto a Tostes e do diagnóstico de doença nervosa dado por um antigo mestre de Charles, que recomenda mudança de ares, vão-se para Yonville, vila próxima a Rouen, derradeiro lar de Madame Bovary, que parte para lá já grávida.

Em Yonville, Emma irá conhecer o amor, o amor de Léon Dupuis, que irá, por algum tempo, ocupar o lugar de mestre, vago dentro dela.

Mas falemos um pouco mais do amor. Afinal, o que é o amor? Nada mais difícil de dizer!

A ESTRUTURA DA HISTERIA em Madame Bovary

Será todo amor narcísico, como nos sugere Lacan[16], ou é *dar aquilo que não se tem*[17]? Talvez pudéssemos contentar-nos em perguntar, com Serge André[18] em *O que quer uma mulher?*, para que serve o amor? Esse autor nos propõe o amor como essencialmente fora-da-lei, da lei da castração imposta pelo significante, que nos empurra para o outro na busca do ser que nos falta.

A nossa falta-em-ser é que nos faz amar, seja no plano do imaginário (em que se ama a própria imagem no outro), seja no plano do simbólico (em que se busca um outro sujeito), seja no do real (em que se tenta unir o gozo ao desejo). O que está em jogo é tanto a nossa falta-em-ser quanto a do outro, pois que o amor é sempre recíproco, como nos ensina Lacan[19].

E é justamente nessa reciprocidade que se funda o caráter fora-da-lei do amor que procura negar a ausência de relação sexual. No amor, a falta de complementaridade que se deve ao caráter fálico do sexual desaparece. Os amantes completam-se, fazem frente ao mundo, rompem barreiras, enfrentam preconceitos, removem montanhas. A única barreira que os amantes não conseguem derrubar é, exatamente, aquela que os faz se aproximarem: o muro da linguagem que lhes propicia, apenas, o significante fálico, em torno do qual se fazem homens e/ou mulheres.

É acerca do falo que falta ao Outro de quem se quer, primeiro, *ser* o falo, para, depois, *ter* o falo ou não o ter, que gira toda a sexualidade fálica, a qual, por seu turno, gira em torno da falta de gozo-em-ser.

---

16. "... A análise demonstra que o amor, em sua essência, é narcísico, e denuncia que a substância do pretenso objetal – papo furado – é de fato o que, no desejo, é resto, isto é, sua causa, e esteio de sua insatisfação, se não de sua impossibilidade" (LACAN, J., *Seminário XX – Mais ainda*, Rio de Janeiro, Jorge Zahar Editor, 1985, p. 14).

17. "Logo, temos aí uma distinção muito nítida. O que intervém na relação de amor, o que é demandado como signo de amor nunca passa de alguma coisa que só vale como signo. Ou, para ir ainda mais adiante, não há maior dom possível, maior signo de amor que o dom daquilo que não se tem" (LACAN, J., *Seminário IV – A relação de objeto*, Rio de Janeiro, Jorge Zahar Editor, 1995, p. 142).

18. ANDRÉ, S., *O que quer uma mulher?*, Rio de Janeiro, Jorge Zahar Editor, 1987, p. 259.

19. LACAN, J., *Seminário XX – Mais ainda*, Rio de Janeiro, Jorge Zahar Editor, 1985, p. 12.

Sérgio Scotti

O significante fálico é o único que, ao final de contas, está ao alcance, já que a Coisa está perdida.

Estando a Coisa (materna) irremediavelmente perdida, pois só podemos alcançá-la por meio do significante, que a transforma em *a* coisa, essa *a* coisa, que é sempre *outra* coisa, como nos diz Lacan[20], é o desejo humano. Esse desejo de outra coisa se aplica justamente ao gozo sexual, gozo fálico, sempre insatisfatório porque, sendo regulado pelo desejo, é sempre desejo de outra coisa, de outro gozo, e outro, e outro mais, ainda e sempre.

Homens e mulheres que se tornam homens e mulheres segundo a repartição do falo, quando se encontram no sexo, apesar de todas as suas diferenças, só encontram um no outro aquilo que os faz iguais na sua satisfação/insatisfação do gozo fálico. Ou seja, o homem, que – supõe-se – possui o falo, une-se à mulher, que procura o falo naquele que ela supõe detê-lo. No entanto, a mulher, para o homem, também não deixa de representar o falo na forma do fetiche[21]. Portanto, falo com falo, mais do que se complementam: atritam-se em um gozo que, ao mesmo tempo, é sofrimento, pois é sempre insuficiente, insatisfatório, diante da falta-em-ser que o originou, à qual não responde com o ser, mas com um não-ser aquilo que se esperava.

Aquelas que, quanto ao modo de sexuação, se colocaram do lado feminino, as mulheres, elas, já vimos, sofrem de uma falta suplementar: a falta do significante do sexo feminino, que, caso existisse, permitiria a complementaridade dos sexos, uma verdadeira relação sexual.

Anteriormente, neste mesmo capítulo, consideramos sob outro prisma o gozo suplementar, de exceção, de que a mulher é capaz quando, apesar de e por isso mesmo, se submete à regra do gozo fálico.

---

20. "... Trata-se da formulação desse desejo que talvez seja o mais profundo de todos os desejos humanos, o mais constante, pelo menos, este desejo difícil de desconhecer em dado ponto da vida de todos nós e, em todos os casos, da vida daqueles a quem conferimos maior atenção, aqueles que são atormentados por algum mal-estar subjetivo. Este desejo se chama, para nomeá-lo, enfim, o desejo de outra coisa" (LACAN, J., *Seminário IV – A relação de objeto*, Rio de Janeiro, Jorge Zahar Editor, 1995, p. 309).
21. MILLOT, C., *NOBODADY, a histeria no século*, Rio de Janeiro, Jorge Zahar Editor, 1989, pp. 68-78.

A ESTRUTURA DA HISTERIA em Madame Bovary

Mas, na histérica, o caso é outro. Incapaz de aceitar a castração que o gozo fálico implica, a histérica apela para o amor, não o amor em que se dá o que não se tem, que supõe a castração. A histérica eleva o amor à categoria daquilo que pode suprir a falta de relação sexual, a complementaridade. Nesse caso, o amor opõe-se ao sexo; quando muito, aquele é condição para este.

É no amor, então, que a histérica buscará encontrar a resposta para a questão do seu sexo e de como goza A mulher, que só poderá ser respondida pelo mestre, ao qual esse amor será consagrado. O paradoxo é que como tudo o mais, a histérica faliciza esse amor, que não resiste à castração imposta pela incapacidade estrutural do mestre em responder à demanda que aquela lhe faz, pois o amor que ela deseja é o incastrável, o indestrutível, o irredutível ao gozo fálico.

Como isso tudo, levado às suas últimas conseqüências, sempre levará à decepção, à castração, a histérica, caracteristicamente, lançará mão da insatisfação de seu desejo, insatisfação que, se implica sofrimento, também implica um gozo absoluto, mantido no horizonte às custas de um desejo que se torna desejo de um desejo insatisfeito[22]. *Pari passu* ao amor e ao desejo insatisfeito da histérica, caminha a fantasia, verdadeiro suporte dos outros dois, na qual o sujeito histérico se oferece ao Outro como objeto de desejo que sempre escapa à satisfação, mas que mantém no horizonte, justamente por essa insatisfação, a possibilidade de vir a ser o objeto que tamponaria a falta do Outro, que é a sua própria falta[23].

Vejamos, então, como se desenrola esse aspecto da histeria em nossa personagem, quando esta chega a Yonville e vai tomando conhecimento de seus habitantes. Mesmo antes, em Tostes, Madame Bovary mostra-nos sua intensa vida de fantasia quando, voltando do baile com Charles, encontram, perdida na estrada, uma charuteira, que ela supõe ser do Visconde valsador:

---

22. MILLOT, C. *et al.*, Deseo y goce en la histerica *in Histeria y obsesión*, Buenos Aires, Manantial, 1986, p. 126.
23. *Ibid.*, pp. 126-129.

Sérgio Scotti

... Talvez fosse um presente de sua amante, fora bordada em algum bastidor de palissandra, objeto delicado que se escondia de todos os olhares, que preenchera muitas horas e sobre o qual se haviam debruçado os moles cachos da trabalhadora pensativa. Um hálito de amor passara entre os fios da talagarça; cada ponto nele fixara uma esperança ou uma lembrança e todos aqueles fios de seda entrelaçados eram apenas a continuidade da mesma paixão silenciosa. E, depois, o Visconde, numa certa manhã, levara-o consigo. De que haviam falado, quando ele permanecia nas lareiras de largo alizar, entre os vasos de flores e os relógios Pompadour?[24] Ela estava em Tostes. Ele estava em Paris agora: longe! Como era essa Paris? (p. 74).

Paris, mais vasta que o Oceano, cintilava, pois, aos olhos de Emma numa atmosfera vermelha. A vida intensa que se agitava naquele tumulto era todavia dividida em partes, classificada em diferentes quadros. Emma somente percebia dois ou três, que lhe escondiam todos os outros e sozinhos representavam a humanidade completa. O mundo dos embaixadores caminhava sobre assoalhos reluzentes, em salões revestidos de espelhos, ao redor de mesas ovais cobertas por um tapete de veludo com franjas de ouro. Havia vestidos de cauda, grandes mistérios, angústias dissimuladas sob os sorrisos. Vinha, em seguida, o mundo das duquesas: lá todos eram pálidos, levantavam-se às quatro horas; as mulheres, pobres anjos, usavam anáguas rematadas com bordado inglês e os homens, capacidades desconhecidas sob aparências fúteis, esfalfavam os cavalos em farras, iam passar o verão em Baden e, lá pelos quarenta anos, enfim casavam com herdeiras. Nos reservados dos restaurantes, onde se ceia depois da meia-noite ria, à luz das velas, a multidão

---

24. Estilo que se desenvolveu sob o reinado de Luiz XV, posto na moda pela Sra. de Pompadour. É caracterizado pela volta da linha reta e guirlandas e faz pressentir o estilo de Luiz XVI (nota do autor).

A ESTRUTURA DA HISTERIA em Madame Bovary

variegada dos homens de letras e as atrizes. Aqueles eram pródigos como reis, cheios de ambições ideais e de delírios fantásticos. Era uma existência acima das outras, entre o céu e a terra, entre tempestades, alguma coisa de sublime. Quanto ao resto do mundo, achava-se ele perdido, sem um lugar preciso e como se não existisse (p. 76).

Transcrevemos esse longo trecho para dar a observar o que Freud já nos fazia notar em *Fantasias histéricas e sua relação com a bissexualidade*[25], em que tanto a fantasia da histérica quanto seus ataques demonstram uma identificação com ambos os papéis sexuais, do homem e da mulher, do ativo e do passivo, que irão, depois, ser traduzidos na fórmula do fantasma em Lacan, S<>a[26], na qual o que vai estar em jogo são o sujeito e o Outro.

Voltaremos ainda a essa questão do fantasma na histeria, mas vamos agora acompanhar o papel da fantasia e do desejo insatisfeito no desenvolvimento da relação que se estabelece entre Madame Bovary e o jovem estudante de advocacia Léon Dupuis, escrevente em um cartório de Yonville.

Logo no primeiro contato, na hospedaria em que Léon costumava comer – onde, numa conversa entre várias pessoas, participavam Emma e Charles, recém-chegados à cidade –, Léon já demonstra sua identificação com Emma:

— É uma coisa tão aborrecida, suspirou o escrevente de notário, viver pregado nos mesmos lugares! (p. 98).

Já animada por perceber, talvez, a possibilidade de ter encontrado uma alma gêmea ou o mestre que lhe faltava, Emma inicia lânguida conversação com o escrevente:

---

25. FREUD, S., *Obras Completas — Fantasias histericas y su relación con la bisexualidad, op. cit.*, v. 2, pp. 1349-1353.

26. MILLOT, C. *et al.*, Deseo y goce en la histerica *in Histeria y obsesión, op. cit.*, p. 126.

Sérgio Scotti

— *Há, pelo menos, alguns passeios pelos arredores?* continuava a Sra. Bovary falando ao jovem.
— *Oh! muito poucos, respondeu ele. Há um lugar chamado Pâture, no alto da encosta, na orla da floresta. Às vezes, aos domingos, vou lá e permaneço, com um livro, olhando o sol poente.*
— *Nada acho de tão admirável quanto o sol poente, replicou ela, mas à beira-mar, sobretudo.*
— *Oh! Adoro o mar, disse Léon.*
— *E além disso não lhe parece, replicou a Sra. Bovary, que o espírito voga com maior liberdade naquela extensão sem limites cuja contemplação nos eleva a alma e traz idéias de infinito, de ideal? (p. 101).*

Léon, por sua vez, não deixa de demonstrar seu acordo com as idéias e preferências de Emma:

— *É como eu, replicou Léon; que há de melhor realmente, do que ficar à noite ao lado do fogo com um livro, enquanto o vento bate nos vidros, enquanto a lâmpada queima?...*
— *Não é verdade? disse ela, fixando nele os grandes olhos negros bem abertos (p. 101).*

Ah, os olhos de Emma, que já haviam seduzido Charles, parecem, agora, encontrar outro fascinado:

— *Não se pensa em nada, continuava ele, as horas passam. Passeamos, imóveis, pelos países que julgamos ver e nosso pensamento, enlaçando-se à ficção, diverte-se com os detalhes ou persegue o contorno das aventuras. Mistura-se com os personagens; parece que somos nós que palpitamos sob suas vestimentas.*
— *É verdade! É verdade! dizia ela (p. 101).*

A ESTRUTURA DA HISTERIA em Madame Bovary

Não se percebe, também, quem sabe, uma veia histérica em Léon?

Aquele jantar da véspera era para ele um acontecimento considerável; nunca, até então, conversara durante duas horas seguidas com uma senhora. Como pudera expor-lhe, numa tal linguagem, tantas coisas que não teria dito tão bem antes? Era habitualmente tímido e conservava aquela reserva que participa ao mesmo tempo do pudor e da dissimulação (p. 104).

Talvez por isso é que Léon, como veremos, não chega a encarnar completamente o lugar de mestre, fazendo com Emma, pelo menos nesse primeiro momento, um par histérico em que a insatisfação serve de gozo aos dois de maneira praticamente complementar. Entrementes, a gravidez de Madame Bovary já estava avançada, e, nos preparativos para a vinda da criança, podemos notar o modo narcísico pelo qual Emma encara aquele novo objeto em sua vida:

... não podendo fazer as despesas que desejava, ter um berço em forma de barquinho com cortinas de seda cor de rosa e touquinhas bordadas, renunciou ao enxoval, num acesso de amargura, e encomendou-o totalmente a uma operária da vila, sem nada escolher ou discutir. Portanto, não se divertiu com os preparativos em que a ternura das mães se prepara e sua afeição, desde a origem, talvez, tenha perdido alguma coisa (p. 106).

Ao mesmo tempo e do mesmo modo narcísico, ansiava, na verdade, o falo que lhe faltava:

Desejava um filho; ele seria forte e moreno e se chamaria Georges; e a idéia de ter um filho homem era como a esperança da compensação de todas as suas impotências passa-

Sérgio Scotti

*das. Um homem pelo menos é livre; pode percorrer as pai-
xões e os países, atravessar os obstáculos, agarrar a mais
longínqua felicidade (p. 106).*

Como já notamos[27], vemos aqui a idealização que Emma
Bovary faz do homem, atribuindo-lhe um valor fálico que falta
às mulheres:

*... uma mulher é continuamente impedida. Inerte e flexível,
ao mesmo tempo, tem contra si a languidez da carne com as
dependências da lei. Sua vontade, como o véu de seu chapéu
preso por uma fita, palpita ao sabor de todos os ventos, há
sempre algum desejo que arrasta, alguma conveniência que
retém (pp. 106-107).*

Aqui, Flaubert, a nosso ver, exprime de maneira magistral o
que vínhamos colocando, até então, sobre o conflito próprio da histérica e que reflete, em parte, a condição do feminino. A mulher, ao
mesmo tempo que outro gozo, além do fálico, está a seu alcance,
está presa à lei que limita esse gozo, que é a lei da castração. Tal lei,
a histérica busca negá-la, destituindo o representante da lei, o pai
simbólico, que não corresponde à imagem do falo sempre potente,
falo que, como veremos adiante, de forma mais detalhada, vem substituir, metonimicamente, a mãe todo-potente que faltou à histérica e
a toda mulher, o que impede que a histérica a metaforize, efetivamente, por meio do pai.

E então, coerentemente com a lógica histérica, que é a lógica
fálica, Emma Bovary decepciona-se amargamente com o nascimento da filha:

*— É uma menina! disse Charles.
Ela virou a cabeça e desmaiou (p. 107).*

---

27. Introdução, p. 11.

A ESTRUTURA DA HISTERIA em Madame Bovary

Enquanto isso, enquanto Emma se restabelece do parto e Berthe é mandada à casa de uma ama-de-leite, o pai de Charles, em visita ao casal, diverte Madame Bovary com seu brilho fálico:

... deslumbrou os habitantes com seu magnífico boné de polícia com galões de prata que usava pela manhã para fumar seu cachimbo na praça. Tendo também o hábito de beber muita aguardente, freqüentemente enviava a criada ao Lion d'or para comprar uma garrafa que era posta na conta de seu filho; e para perfumar suas echarpes usou toda provisão de água de Colônia de sua nora. Esta não desgostava de sua companhia. Ele correra o mundo: falava de Berlim, de Viena, de Estrasburgo, de seu tempo de oficial, das amantes que tivera, dos grandes almoços de que participara; além disso, mostrava-se amável e, às vezes mesmo, seja na escada ou no jardim, pegava-a pela cintura exclamando:
— Charles, toma cuidado! (pp. 108-109).

A mãe de Charles, percebendo a sedução recíproca entre os dois,

assustou-se pela felicidade do filho e, temendo que seu esposo, com o tempo, tivesse uma influência imoral sobre as idéias da jovem, apressou-se em instar a partida. Talvez tivesse inquietudes mais sérias. O Sr. Bovary era um homem que não respeitava nada (p. 109).

Mas a mãe de Charles não conseguiu evitar que sua nora continuasse a exercer sua sedução sobre Léon, que, cada vez mais, estreitava suas relações com Madame Bovary, o que não passava despercebido dos habitantes de Yonville:

... a senhora Tuvache, mulher do prefeito, declarou diante de sua criada que a senhora Bovary se comprometia *(p. 109).*

Sérgio Scotti

Os mexericos, no entanto, não impediram que o amor entre os dois crescesse:

... sentiam um mesmo langor invadi-los a ambos; era como um murmúrio da alma, profundo, contínuo, que dominava o das vozes. Surpresos e espantados com aquela nova suavidade, não pensavam em contar a si mesmos a sensação ou em descobrir suas causas (p. 113).

Sob os olhos complacentes de Charles,

Estabeleceu-se assim entre eles uma espécie de associação, uma conversa contínua sobre livros e romances; o Sr. Bovary, pouco ciumento, não se surpreendia (p. 117).

Embora Charles não percebesse a natureza da relação de Emma e Léon, os olhos mais observadores da vizinhança não deixavam de se perguntar, quando Léon recebeu um tapete de presente:

... por que a mulher do médico dava ao escrevente tais generosidades? O fato pareceu divertir e todos pensaram definitivamente que ela devia ser sua amiguinha *(p. 118).*

Quanto a Léon,

Ele se torturava para descobrir como poderia fazer-lhe sua declaração; ... (p. 118).

Já para Emma, parece que se tratava mais de saber-se amada:

... ela não se interrogou para saber se o amava. O amor, pensava, devia chegar de repente com grande estrondo e fulgurações, – furacão dos céus que cai sobre a vida, transtorna-a, arranca as vontades como as folhas e arrasta para

A ESTRUTURA DA HISTERIA em Madame Bovary

o abismo o coração inteiro... Achava-o encantador, não podia desviar dele o pensamento; ... — Sim, encantador! Encantador!... Não estará amando? perguntou a si mesma. A quem? Ora, a mim! (pp. 118-120).

Contudo, por meio de bela metáfora, Flaubert descreve a forma pela qual a castração ainda se insinua pelo real da figura de seu marido:

... Ela não sabia que no terraço das casas a chuva faz lagos quando as calhas estão entupidas e permaneceu assim em sua segurança quando descobriu subitamente uma fenda no muro... mas ela virou a cabeça: Charles estava lá. Trazia seu boné enterrado sobre as sobrancelhas e seus grossos lábios tremelicavam, o que acrescentava a seu rosto algo de estúpido; mesmo suas costas, suas costas tranqüilas eram irritantes e ela encontrava, exposta em sua sobrecasaca, toda a insipidez do personagem (pp. 118-119).

Mas, como nenhum dos dois se declarava, Emma e Léon gozavam de sua insatisfação:

... Ela não falava; ele calava-se, cativado por seu silêncio como o teria sido por suas palavras.
— Pobre rapaz! pensava ela (p. 123).

E, para aumentar ainda mais seu gozo, Emma entrega-se ao papel de dona de casa exemplar:

... Não tenho a casa para dirigir, meu marido para cuidar, mil coisas enfim, muitos deveres que têm a primazia?... Tomou a sério sua casa, voltou à igreja regularmente e dirigiu a empregada com a maior severidade.
Retirou Berthe da casa da ama-de-leite. Félicité trazia-a quando vinham visitas e a Sra. Bovary a despia a fim de

Sérgio Scotti

mostrar seus membros. Declarava que adorava crianças; ...
(pp. 123-124).

Por seu lado, Léon resignava-se ao seu amor platônico:

— Que loucura, dizia ele a si mesmo, e como chegar até ela?
Ela pareceu-lhe, pois, tão virtuosa e inacessível que qual-
quer esperança, mesmo a mais vaga, o abandonou.
Porém, com aquela renúncia, ele a colocava em condições
extraordinárias. Ela desprendeu-se, para ele, das qualida-
des carnais das quais nada iria obter; e, em seu coração, ela
foi sempre subindo e desligando-se à maneira magnífica de
uma apoteose que levanta vôo (p. 124)[28].

Outra vez, Flaubert auxilia-nos ao descrever a forma por excelência de gozar da insatisfação, que é a forma histérica:

Porém, ela vivia cheia de cobiça, de raiva, de ódio. Aquele
vestido de pregas retas escondia um coração perturbado e
os lábios tão pudicos não contavam sua tormenta. Estava
apaixonada por Léon e procurava a solidão, a fim de poder
mais facilmente deleitar-se com sua imagem... Porém, mais
Emma percebia seu amor, mais o recalcava, a fim de que ele
não se evidenciasse e para diminuí-lo. Teria desejado que
Léon o suspeitasse; e imaginava acasos, catástrofes, que o
teriam facilitado... Depois o orgulho, a alegria de dizer-lhe:
'Sou virtuosa' e de olhar-se no espelho fazendo poses resig-
nadas consolava-a um pouco do sacrifício que julgava fazer
(pp. 125-126).

---

28. "É uma maneira inteiramente refinada de suprir a ausência de relação sexual, fingindo
que somos nós que lhe impomos obstáculo...

... O amor cortês é, para o homem, cuja dama era inteiramente, no sentido mais servil, a
sujeita, a única maneira de se sair com elegância da ausência da relação sexual" (LACAN, J.,
Seminário XX – Mais ainda, Rio de Janeiro, Jorge Zahar Editor, 1985, p. 94).

A ESTRUTURA DA HISTERIA em Madame Bovary

Finalmente, em um paroxismo de dor, ela exaltava seu gozo:

> *Então, os apetites da carne, a ambição do dinheiro e as melancolias da paixão tudo confundia-se num mesmo sofrimento; e, em lugar de desviar seu pensamento, agarrava-se mais a ele, excitando a dor e procurando em toda parte ocasiões para excitá-lo... a mediocridade doméstica empurrava-a para fantasias luxuosas, a ternura matrimonial a desejos adúlteros (p. 126).*

Mas, como para toda insatisfação existe um limite, até mesmo para aquela de que se goza, Emma vai procurar auxílio do pároco da cidade, que, ao fim, não a ajuda em nada:

> *... Parece-me, a mim, que quando se está bem aquecido, bem alimentado... Enfim...*
> *— Meu Deus, meu Deus, suspirava ela (p. 131).*

Mais uma vez, Emma não encontra o mestre que poderia salvá-la, pelo menos a aliviar um pouco do transbordamento de seu gozo fantasioso, incapaz de aplacar o real de seu casamento com Charles, o qual nem, ao menos, lhe coloca um limite, que a faria acalmar-se:

> *... Teria desejado que Charles lhe batesse, para poder detestá-lo com maior razão, vingar-se dele... Enfastiava-a, todavia, aquela hipocrisia (p. 126).*

A raiva de Emma acaba por atingir a indefesa Berthe, que insistia em se aproximar da mãe:

> *— Ora, larga-me de uma vez!, disse ela, empurrando-a com o cotovelo.*
> *Berthe foi cair junto à cômoda, contra a patera de cobre; cortou a face e sangrou... (p. 132).*

Sérgio Scotti

O limite também havia chegado para Léon, que,

... cansado de amar sem resultado; ... (p. 135),

resolve mudar-se para Paris, fugindo também do tédio de Yonville, onde continuaria seus estudos. Na despedida, separando suas mãos das de Emma,

> *Léon sentiu-a entre seus dedos e a própria substância de todo seu ser parecia descer para aquela palma úmida (p. 137).*

Mesmo depois da partida de Léon, Emma continuou a alimentar seu desejo insatisfeito:

> *Ah! Ele partira, o único encanto de sua vida, a única esperança possível de felicidade!... seus desejos de volúpia que se dispersavam, seus desejos de felicidade que caíam ao vento como ramagens mortas, sua virtude estéril, suas esperanças desabadas, a decisão doméstica, ela juntava tudo, apanhava tudo e fazia com que tudo aquecesse sua tristeza (p. 141).*

Se não fosse um novo acontecimento, que colocava no caminho de Madame Bovary, a saber, outro candidato a ocupar o lugar do mestre, Emma encaminhava-se para mais um episódio depressivo. Mas esse é assunto para o próximo capítulo, em que continuaremos a tratar da relação da histérica com o amor, só que, desta vez, com um parceiro de traços perversos, em que, inevitavelmente, mais uma vez, a metáfora paterna vem a falhar.

O pai na histeria:
metáfora ou metonímia?

No início, sustentamos que, em Freud, a questão da histeria se confunde com a questão do feminino[1]. Quando ele começou a analisar seus primeiros neuróticos, emparelhava histeria/passividade[2] e obsessão/atividade[3]. Nesses momentos, emparelhava também passividade/feminino e atividade/masculino. A esses pares, aos quais Freud atribuía certa equivalência, correspondiam um gozo, que era de menos (histeria)[4], e outro gozo, que era de mais (obsessão).

Atravessando esses pares, o trauma mostrava-se de início como a gênese dos conflitos entre a pulsão e o eu e, mais tarde, o super-eu,

---

1. Veja cap. 2.
2. FREUD, S., *Obras Completas — Nuevas observaciones sobre las neuropsicosis de defensa*, trad. de Lopez-Ballesteros y de Torres, Madrid, Biblioteca Nueva, 1973, v. 1, p. 286.
3. *Ibid.*, p. 289.
4. O gozo de menos, a que nos referimos na histeria, coloca-se em oposição ao prazer da agressão sexual característica da cena sexual infantil do obsessivo. No entanto, o gozo de menos da histeria não deixa de ser um gozo no sentido lacaniano do termo.

A ESTRUTURA DA HISTERIA em Madame Bovary

herdeiro do Édipo. Esse trauma, que a princípio era atribuído a uma realidade[5], acaba por ser referido a um real, o real psíquico de um fantasma de sedução[6].

Uma apresentação tão esquemática como essa não pode, e nem pretende, dar conta de todo um trajeto extremamente complexo e sinuoso percorrido por Freud. Nesse trajeto podemos apontar algumas direções nas quais ele desenvolveu suas reflexões, as quais mostram como essas questões escapam sempre a uma categorização rígida.

Quanto à oposição entre histeria e obsessão, desde o início Freud alertava para o fato de que a obsessão, enquanto um dialeto da histeria[7], embora apresentasse um sujeito geralmente masculino no papel de agressor sexual, portanto ativo, escondia, na verdade, outra situação anterior, em que o sujeito era alvo, também, de sedução, tal como na histeria.

Por outro lado, Freud chamava a atenção para o fato de que existiam na sexualidade fins passivos que podiam ser ativamente buscados[8]. Além disso, a questão do trauma deveria ser considerada não sob o aspecto da ocorrência traumática em si, mas sim a partir de sua lembrança, que era o que lhe conferia verdadeiramente seu valor traumático[9]. Mais dramática foi a constatação de que o trauma, inicialmente atribuído a uma realidade concreta, deveria ser creditado, em maior parte, ao efeito de um fantasma do próprio sujeito[10] que aparecia como objeto de gozo de outro, cujos desdobramentos remeteriam à via histérica ou obsessiva.

Contudo, devemos reconhecê-lo, algo da aproximação entre a histeria e o feminino permanece ao longo da obra de Freud, e cremos que não sem razão. O pensamento e a atitude do pai da psicaná-

---

5. FREUD, S., *op. cit.*, p. 286.
6. FREUD, S., *Obras Completas – La feminidad in Nuevas lecciones introductorias al psicoanalisis, op. cit.*, v. 3, p. 3169.
7. FREUD, S., *op. cit.*, p. 289.
8. FREUD, S., *op. cit.*, p. 3166.
9. FREUD, S., *op. cit.*, p. 287.
10. FREUD, S., *Obras Completas* – "Carta a Fliess nº 69", de 21 de setembro de 1897, *op. cit.*, v. 3, p. 3578.

Sérgio Scotti

lise sempre se caracterizaram por uma preocupação em não abrir facilmente mão de concepções iniciais que se mostrassem frutíferas.

Mesmo aquelas que o próprio Freud reconhecia como necessitadas de serem revistas, ele não as abandonava por completo, talvez em virtude da convicção de que suas intuições primeiras eram corretas e de que deviam, no máximo, ser mais bem elaboradas; talvez por efeito de relutância em deixar de lado idéias mais ou menos seguras por outras que ainda não se mostrassem coerentes com seus descobrimentos iniciais.

Assim é que, nos seus escritos mais recentes sobre a feminilidade, Freud retorna à questão do ativo e do passivo, do masculino e do feminino e da histeria. Nos escritos *Sobre a sexualidade feminina* (1931) e A feminilidade em *Novas lições introdutórias à psicanálise* (1933), Freud, neste último, começa falando do masculino e do feminino, mas, como o titulo indica, seu alvo é a mulher.

Influenciado pelas descobertas das mulheres analistas, Freud passa a considerar o papel da vinculação à mãe no tornar-se mulher e, no caso da histérica, embora não a nomeie, passa a analisar o lugar que aquela ocupa nas suas queixas constantes. A queixa, por exemplo, de não haver sido suficientemente amada pela mãe traduz o ressentimento de não ter sido amamentada bastante tempo e de não possuir um pênis, o que a faz semelhante à própria mãe, que a menina descobre como também destituída de pênis.

As decepções sofridas pela menina com relação à sua mãe, a quem atribui a responsabilidade por suas faltas, tiram-na de uma posição masculina inicial em que aquela é objeto de identificação e de amor, para lançá-la em direção ao pai, que se torna, então, seu novo objeto de amor, enquanto a mãe toma o lugar de rival, que antes, em uma relação simetricamente inversa, era ocupado pelo pai, ou seja, a menina, nos seus primórdios, ama a mãe como um menino e deseja dela um filho tal como aquele.

É a hostilidade dirigida contra a mãe, pelas decepções que esta inevitavelmente inflige à sua filha, que facilita a mudança do objeto de amor e a mudança para uma atitude feminina. Daí, se-

A ESTRUTURA DA HISTERIA em Madame Bovary

gundo Freud[11], podem resultar três alternativas: ou a menina se aferra a uma posição masculina e adota uma postura homossexual; ou reprime a sua sexualidade em função da inferioridade sentida em relação ao clitóris comparado ao pênis; ou, ainda, desenvolve uma feminilidade normal, dirigindo seu amor ao pai e, depois, aos seus substitutos.

No entanto, Freud observa que tal mudança nunca se dá de forma completa e absoluta, porque, paralelamente ao fato de que, em função de a castração agir de forma diferente na menina, que a sente como um fato consumado, do que no menino, que a sente como uma ameaça, ela, por isso, entra no Édipo, para nele permanecer às vezes até a fase adulta[12], enquanto o menino sai dele em função da ameaça, liquidando-o no melhor dos casos. Além disso, a vinculação primitiva à mãe nunca deixa de aparecer na relação da futura mulher, com seu esposo, por exemplo.

Freud diz que, nesses casos, o marido inicialmente herda a relação idealizada da menina com o pai, enquanto, na segunda metade do casamento, herda a relação conflituosa e hostil da filha com a mãe.Ou, ainda, cita o caso de mulheres que só conseguem alcançar a felicidade conjugal em suas segundas núpcias, depois que o primeiro casamento, fracassado, esgotou a transferência da relação tumultuosa mãe/filha.

Em todo caso, o que fica caracterizado é a dificuldade que representa, para toda mulher, sua relação mais primitiva com a mãe, relação que parece permear sempre todas suas outras relações, inclusive consigo mesma, chegando Freud a dizer que não é possível compreender-se a mulher se não se leva em conta sua vinculação pré-edípica à mãe.

Seguindo Freud a partir de uma abordagem lacaniana, alguns autores mais recentes[13] chegam a perguntar, em especial no caso da

---

11. FREUD, S., *Obras Completas — Sobre la sexualidad femenina, op. cit.*, v. 3, p. 3080.

12. FREUD, S., *Obras Completas — Algunas consecuencias psiquicas de la diferencia sexual anatomica, op. cit.*, v. 3, pp. 2901-2902.

13. "Por conseguinte, os caracteres da relação pré-edipiana jamais são verdadeiramente eliminados, e estão sempre prontos a voltar à tona. O destino da menina aparece, assim, como o de uma metáfora impossível ou de uma luta permanente para se elevar do registro da metonímia para o da metáfora" (ANDRÉ, S., *O que quer uma mulher?* Rio de Janeiro, Jorge Zahar Editor, 1987, p.187).

Sérgio Scotti

histeria, se haveria realmente um processo de metaforização, de substituição significante de S1 a S2 ou se, na verdade, o que acaba ocorrendo não seria uma substituição meramente metonímica, em que, por falta de um desdobramento efetivo em que o pai venha a substituir a mãe de maneira metafórica, aquele vem a ser, então, um objeto puramente metonímico da mãe. Daí a necessidade de essa substituição estar sempre sendo refeita, pois, embora a metáfora se efetue, seu caráter falhado empresta-lhe uma qualidade metonímica, determinando a necessidade de sempre se refazer, dando, assim, à histeria um de seus traços distintivos: a busca de um mestre, de um pai que sempre falha ao substituir a mãe.

Ou seja, parece-nos que, na esteira da formulação de Freud de que a mulher, ao tornar-se mulher[14], percorre um caminho mais complicado do que o do homem no seu processo de sexuação, pois deste não se exige que faça a mudança de objeto de amor nem que mude sua atitude sexual, a qual permanece a mesma desde sua vinculação inicial à mãe até o fim do Édipo, chega-se à conclusão de que a mulher está mais sujeita a percalços nesse trajeto, resultando daí um de seus efeitos, que seria a própria histeria, mais afeita às mulheres.

A relação entre uma metaforização defeituosa e a histeria não é nova, como já a apontamos ao referi-la a outros autores, mas parece-nos que o é a sugestão de certa solução de continuidade entre o pensamento freudiano a respeito do Édipo na mulher e a concepção sobre a histeria. Embora tal relação já possa estar sugerida em Lacan[15], acreditamos que vale a pena explicitá-la e, mesmo, demonstrá-la no desenvolvimento de nosso próprio trabalho a respeito de Madame Bovary e a histeria.

---

14. FREUD, S., *op. cit.*, p. 3166.

15. "... O que quer dizer especificamente, quando é enunciado, que isso desemboca na censura que a filha faz à mãe por não tê-la criado menino, quer dizer, reportando à mãe, na forma de frustração, aquilo que, em sua essência significativa — *e tal que esta dá seu lugar e sua função viva ao discurso da histérica em relação ao discurso do mestre* — (o grifo é nosso), se desdobra em castração do pai idealizado, que entrega o segredo do mestre por um lado e, pelo outro, privação, assunção pelo sujeito, feminino ou não, do gozo de ser privado" (LACAN, J., *Seminário XVII* — *O avesso da psicanálise*, Rio de Janeiro, Jorge Zahar Editor, 1992, p. 92).

A ESTRUTURA DA HISTERIA em Madame Bovary

Desde a *Dissolução do complexo de Édipo* (1924), passando por *Algumas conseqüências psíquicas da diferença sexual anatômica* (1925), Freud escreveu sobre o fato de que

> *... El complejo de Édipo de la niña es mucho más unívoco que el del niño, y según mi experiencia, va muy pocas veces más allá de la sustitución de la madre y la actitud femenina con respecto al padre. La renuncia al pene no es soportada sin la tentativa de una compensación. La niña pasa – podríamos decir que seguiendo una comparación simbólica – de la idea del pene a la idea del niño. Su complejo de Édipo culmina en el deseo, retenido durante mucho tiempo, de recibir del padre, como regalo um niño, tener de él un hijo. Experimentamos la impresión de que el complejo de Édipo es abandonado luego lentamente, porque este deseo no llega jamás a cumplirse. Los dos deseos, el de poseer un pene y el de tener un hijo perduran en lo inconsciente intensamente cargados y ayuda a preparar a la criatura femenina para su ulterior papel sexual. Pero, en general, hemos de confesar que nuestro conocimiento de estos procesos evolutivos de la niña es harto insatifactorio e incompleto[16].*

Explicitando mais a diferença entre o menino e a menina quanto ao complexo de castração e sua relação com o Édipo, Freud pondera:

> ... Mientras el complejo de Édipo del varón se aniquila en el complejo de castración, el de la niña es posibilitado e iniciado por

---

16. FREUD, S., *Obras Completas – La disolución del complejo de Edipo, op. cit.*, p. 2751. "... O complexo de Édipo da menina é muito mais unívoco que o do menino, e segundo minha experiência, vai muito poucas vezes mais além da substituição da mãe e a atitude feminina em relação ao pai. A renúncia ao pênis não é suportada sem a tentativa de uma compensação. A menina passa – poderíamos dizer que seguindo uma comparação simbólica – da idéia do pênis à idéia da criança. Seu complexo de Édipo culmina no desejo, retido durante muito tempo, de receber do pai, como presente uma criança, ter dele um filho. Experimentamos a impressão de que o complexo de Édipo é abandonado logo lentamente, porque este desejo não chega jamais a cumprir-se. Os dois desejos, o de possuir um pênis e de ter um filho, perduram no inconsciente intensamente carregados e ajudam a preparar a criatura feminina para seu ulterior papel sexual. Mas, em geral, temos de confesar que o nosso conhecimento destes processos evolutivos da menina é muito insatisfatório e incompleto" (a tradução é nossa).

Sérgio Scotti

el complejo de castración. *Esta contradicción se explica considerando que el complejo de castración actua siempre en el sentido dictado por su propio contenido: inhibe e restringe la masculinidad, estimula la feminidad. La divergencia que en esta fase existe entre el desarollo sexual masculino y el femenino es una comprensible consecuencia de la diferencia anatómica entre los genitales y de la situación psíquica en ella implícita; equivale a la diferencia entre una castración realizada y una mera amenaza de castración. Por tanto, nuestra comprobación es tan obvia en lo esencial que bien podríamos haberla previsto[17].*

Freud, quando escreve, então, seus últimos trabalhos sobre a feminilidade, nos citados *Sobre a sexualidade feminina* (1931) e A feminilidade (1932), já inclui aí a questão da vinculação primitiva da mulher à mãe, que explica, então, por outro prisma, segundo entendemos, a dificuldade de a mulher tomar seu objeto de amor (o pai) sem que este amor não esteja, de alguma forma, contaminado por seu vínculo anterior com a mãe e pelo desejo de possuir o pênis.

Temos, então, o fenômeno de que, suplementarmente ao fato de o complexo de castração agir de forma diferente na mulher, por efeito de sua vinculação à mãe e da dificuldade a mais que isso acarreta no tornar-se mulher, ela estará mais sujeita à histeria[18]. À mulher cabe, quanto ao seu objeto primitivo de amor e de identificação

---

17. *Ibid.*, pp. 2901-2902. *"... Enquanto o complexo de Édipo do menino se aniquila no complexo de castração, o da menina é possibilitado e iniciado pelo complexo de castração.* Esta contradição se explica considerando que o complexo de castração atua sempre no sentido ditado por seu próprio conteúdo: inibe e restringe a masculinidade, estimula a feminilidade. A divergência que nesta fase existe entre o desenvolvimento sexual masculino e o feminino é uma compreensível conseqüência da diferença anatômica entre os genitais e da situação psíquica nela implícita; equivale à diferença entre uma castração realizada e uma mera ameaça de castração. Portanto nossa comprovação é tão óbvia no essencial que bem poderíamos tê-la previsto" (a tradução é nossa).

18. "Se há muito mais histéricos-mulheres que histéricos-homens – é um fato de experiência clínica –, é porque o caminho da realização simbólica da mulher é mais complicado. Tornar-se uma mulher e interrogar-se sobre o que é uma mulher são duas coisas essencialmente diferentes. Eu direi mesmo mais – é porque não nos tornamos assim que nos interrogamos, e até certo ponto, interrogar-se é o contrário de tornar-se..." (LACAN, J., *Seminário III – As psicoses*, Rio de Janeiro, Jorge Zahar Editor, 1985, pp. 203-204).

A ESTRUTURA DA HISTERIA em Madame Bovary

(a mãe), mantê-lo enquanto objeto de identificação no seu papel feminino e, ao mesmo tempo, abandoná-lo enquanto objeto de amor; cabe-lhe substituí-lo pelo pai, que antes era seu rival em relação à mãe. Essa difícil tarefa, a histérica não consegue realizar.

Embora também o menino tenha de se haver com uma passagem pelo Édipo negativo, em que, identificado à mãe, toma o pai como objeto de amor, sua retomada da identificação masculina ao pai é facilitada pela posse do pênis. *Facilitada*, sublinhemos, mas não *garantida*, pois, não nos enganemos, o que garante a sexuação do menino como homem é a suposição de que ele detém o falo e não o pênis, que não garante a masculinidade a ninguém, como bem sabemos.

Independentemente de saber a quem é mais difícil o tornar-se homem ou o tornar-se mulher, o fato é que, para a histérica, a tarefa de tornar-se mulher ou homem permanece inacabada. É como se a histérica não soubesse se é homem ou mulher[19]. A bem da verdade, a histérica não sabe o que é um homem ou uma mulher, o que é uma relação sexual. E aqui voltamos à questão da histérica, que é a questão d'A mulher!

Será que todos nós não estamos envolvidos nessas questões e nos perguntando sobre o que é ser homem, ser mulher, o que é a relação sexual? Daí o *status* da histeria como neurose de base[20].

Estamos todos nós, enquanto seres sexuados e falantes, imersos nessas questões, a que tentamos responder com nosso corpo, nossas palavras e nossos gozos. *Gozo* no plural, pois, enquanto gozo fálico, gozo relativo, sempre nos remete a outro, e outro, e... jogamos com nossos gozos uma partida sem fim, à qual somente a morte porá termo. Fim que é absurdo, porquanto nada sabemos dela: a morte para o inconsciente não existe. Apesar disso, jogamos a nossa partida, fazemos as nossas apostas na vida, embora saibamos que seu fim é inquestionável, mas que, nem por isso, deixa de ser absurdo.

---

19. NASIO, J. D., *A histeria – Teoria e clínica psicanalítica*, Rio de Janeiro, Jorge Zahar Editor, 1991, p.15.

20. ANDRÉ, S., *op. cit.*, p. 15.

Sérgio Scotti

Mas à histeria cabe uma forma peculiar de responder àquelas questões. A histérica recusa-se a fazer a aposta de seu gozo.

Como vimos no capítulo anterior, cada mulher, para encontrar o gozo que lhe é próprio, só pode fazê-lo buscando-o no Outro, no homem[21], que representa sua parte perdida de gozo no processo de sexuação, no qual o que resta é o *a* que ela, então, coloca em jogo. E o que a mulher acaba por encontrar no homem é o gozo fálico, signo da castração, que é também a sua própria castração. Contudo, ao arriscar, com o semblante fálico de seu gozo, a essência indefinível da feminilidade que escapa ao homem, é que ela pode, por exceção[22], gozar como mulher[23].

Não que a mulher não possa gozar sem o homem. Como diz Catherine Millot[24], citando Lacan, o gozo da mulher não deixa nada a desejar àquele que ela tem como mulher do homem. É que, como ser desejante que a mulher é, o gozo do homem representa, como dissemos, sua parte perdida de gozo: gozo de ser, que se perde irremediavelmente na castração e que se tenta recuperar no amor, por exemplo.

Como forma de evitar a castração, a histérica recusa-se, então, a fazer a aposta, a colocar em jogo seu pequeno *a*. Não se arrisca a perder o semblante da essência feminina e não joga a partida[25], perdendo, ao mesmo tempo, a possibilidade de tornar-se mulher.

É como se a histérica se fizesse representante de um gozo absoluto que ela mantém no horizonte, às custas da sua insatisfação e da

---

21. "... Para cada um dos sexos, o gozo do Outro vem a ser suportado pelo gozo do outro sexo, ..." (MILLOT, C., *NOBODADY a histeria no século*, Rio de Janeiro, Jorge Zahar Editor, 1989, p. 68).

22. "... Não é porque ela é não-toda na função fálica que ela deixe de estar nela de todo. Ela não está lá não de todo. Ela está lá à toda. Mas há algo a mais" (LACAN, J., *Seminário XX – Mais ainda,* Rio de Janeiro, Jorge Zahar Editor, 1985, p. 100).

23. "O gozo da mulher foi desde sempre considerado como diferente do homem, do qual no entanto ela participa. Ela conhece um gozo, fálico, que se situa no mesmo registro daquele do homem, mas pode também aceder a um gozo orgástico que não lhe é homogêneo, que está em disrupção do anterior, no qual, porém, se apóia" (POMMIER, G., *A exceção feminina – Os impasses do gozo*, Rio de Janeiro, Jorge Zahar Editor, 1987, p. 79).

24. MILLOT, C., *op. cit.*, p. 68.

25. *Ibid.*, p. 69.

A ESTRUTURA DA HISTERIA em Madame Bovary

de seu parceiro. A mulher histérica pode mesmo ter orgasmos, mas ela não se entrega[26]. Mantém-se como que intocada em sua essência, que ela julga preservar recusando entregar-se ao jogo fálico que o sexo do homem lhe propõe, pois o que ele visa nela não é

... ao indiscernível de sua feminilidade que se dirige o desejo do homem, mas a que a mulher venha preencher a função desse objeto parcial, até mesmo desse fetiche que causa seu desejo[27].

A histérica recusa-se a ser o fetiche do homem e coloca-se como objeto causa do desejo dele, o Outro a que ela visa e que é o pai ideal. Agora, como esse pai ideal sempre falha, como ele nunca é o que se esperava, quem desponta em função mesmo dessa falha do pai é a Coisa. É ela que a histérica busca como testemunha de sua intriga, na qual o pai sempre falha. É como falo simbólico que ela se propõe a completar o Outro; porém, como este Outro nunca se mostra à altura daquilo que lhe exige a histérica, vislumbra-se, então, o Outro sem falha, a quem se dirige a vontade de gozo da histérica.

Não encontramos aqui os ecos do que dizia Freud a respeito das mulheres e do papel fundamental de sua vinculação à mãe, os quais ressoam, por sua vez, na relação com o pai?

Senão vejamos alguns dos aspectos que decorrem de tal configuração, da estruturação do desejo, na histeria, como um eco do gozo absoluto remetido ao Outro de quem se quer ser o falo.

Um deles é, como vimos, a metaforização defeituosa de que sofre a histérica, já que aquele que garantiria a substituição metafórica da mãe pelo pai, ou seja, o pai simbólico, é questionado de saída pela histérica. Se essa metaforização falha, o que advém é sempre um objeto metonímico que deve sempre ser substituído, por causa de sua inadequação intrínseca em representar algo que é irrepresentável, ou seja, a Coisa.

---

26. NASIO, J. D., *A histeria — Teoria e clínica psicanalítica, op. cit.*, p. 45.
27. MILLOT, C., *op. cit.*, pp. 68-69.

Sérgio Scotti

A estratégia íntima da histérica dá-se no plano da relação com seu parceiro homem, espaço por excelência, no qual ela denuncia que a relação sexual não existe e que o gozo fálico é insatisfatório.

Se a relação sexual não existe, é porque toda relação sexual é incestuosa[28], porque ela remete sempre ao verdadeiro objeto de desejo, que é a Coisa, e também porque A mulher não existe, o que, segundo vimos, é determinado pelo fato de o falo ser o único regulador da sexuação.

No entanto, a histérica, até mesmo porque não chegou a "tornar-se mulher" e, portanto, carece de uma identidade sexual, busca suprir tal carência no desenvolvimento de um fantasma de natureza bissexual em que se identifica tanto com o homem quanto com a mulher, no qual está identificada também com o próprio vínculo[29] que une o casal. Vejam-se as fantasias subjacentes ao ataque histérico apontadas por Freud nas quais, com uma das mãos, a histérica repele a investida que sua outra mão realiza, ao tentar levantar seu próprio vestido[30].

Se, por um lado, a histérica denuncia o caráter falho da relação sexual, por outro, o caráter também falho do gozo sexual, do gozo fálico, transparece no trauma fantasmatizado de uma sedução, de uma iniciação sexual que é vivida com desprazer, como um muito pouco para ela. Esse muito pouco, ela o tentará suprir com o fantasma de oferecer-se como falo do Outro, ao mesmo tempo que ela é objeto causa do desejo do Outro, Outro que sempre remete à Coisa (materna), como vimos, e ao gozo absoluto.

A frouxidão da identidade sexual/corporal da histérica e a dependência de um fantasma sempre ao sabor das produções imaginárias, além da angústia gerada pela proximidade com o real da Coisa, determinada pela falha da metáfora paterna, produzem na histeria uma sintomatologia semelhante à psicose, na qual sentimentos de

---

28. POMMIER, G., *A exceção feminina — Os impasses do gozo*, Rio de Janeiro, Jorge Zahar Editor, 1987, pp. 134-136.

29. NASIO, J. D., *op. cit.*, p. 128.

30. FREUD, S., *Fantasias histericas y su relación con la bisexualidad, op. cit.*, v. 2, pp. 1352-1353.

A ESTRUTURA DA HISTERIA em Madame Bovary

despersonalização e, mesmo, delírios nunca chegam a caracterizar a psicose, pois o falo que se busca ser sempre o é no plano simbólico.

Daí que o delírio, em sua significação, pode ser tornado consciente pela interpretação, faltando a ele o caráter de certeza do delírio psicótico[31]. Talvez, também por aí, possamos entender a "faculdade de conversão" atribuída por Freud[32] às histéricas no que concerne aos sintomas somáticos, tão característicos dessa neurose.

Mas deixemos que Flaubert volte a falar de nossa histérica Madame Bovary, que nos dará, no seguimento de seu drama, algumas ilustrações das concepções que viemos desenvolvendo.

Da última vez que deixamos nossa heroína – talvez devêssemos dizer anti-heroína –, ela ainda se lamentava pela partida de Léon e transferia seu ódio para Charles, em uma atitude que, como vimos, refletia mistura de sentimentos de amor e ódio, ditados pelo gozo da insatisfação:

> *No entorpecimento de sua consciência, tomou mesmo a repugnância pelo marido como aspirações pelo amante, os ardores do ódio como reaquecimento da ternura; ... (p. 141).*

Esse gozo continuou na forma de uma mania que repetia os maus dias de Tostes, e, então,

> *Ela julgava-se agora muito mais infeliz, pois possuía a experiência da tristeza com a certeza de que não acabaria (p. 141).*
>
> *Comprou um genuflexório gótico, gastou num mês catorze francos de limões para limpar as unhas, escreveu a Rouen para ter um vestido de caxemira azul, escolheu na loja de Lheureux a mais bela de suas echarpes; ...*
>
> *Freqüentemente variava o penteado: penteava-se à chinesa, fazia cachos fofos, fazia tranças; fez uma risca de lado e enrolou os cabelos para baixo como um homem.*

---

31. CABRAL, E. e QUIJANO, L., Reflexiones sobre la diferenciación entre locura histérica y psicosis disociativa, *in Histeria y obsesión*, Buenos Aires, Manantial, 1987, p. 124.

32. FREUD, S., *Las neuropsicosis de defensa, op. cit.*, v. 1, p. 172.

Sérgio Scotti

Quis aprender italiano: comprou dicionários, uma gramática, uma provisão de papel branco. Tentou leituras sérias, história e filosofia... Mas suas leituras eram como suas tapeçarias que, todas iniciadas, enchiam seu armário; ela as pegava, as abandonava, passava a outras (p. 142).

Contudo, a depressão avizinhava-se cada vez mais de Madame Bovary:

> *Apesar de seus ares levianos (era a expressão das habitantes de Yonville) Emma, contudo, não parecia alegre e conservava habitualmente, nos cantos da boca, a imóvel contração que franze o rosto das solteironas e a dos ambiciosos desiludidos. Era toda pálida, branca como um lençol; ... Freqüentemente voltava sua fraqueza. Um dia mesmo escarrou sangue... (p. 142).*

E, como podemos ver, a perda de Léon, que mortifica Emma, não deixa de atingir seu marido:

> *"Charles foi refugiar-se em seu gabinete e chorou, ..." (p. 143).*

Charles pede socorro à mãe,

> *"... para pedir-lhe que viesse e tiveram, juntos, longas conferências sobre Emma" (p. 143).*

Mas, apesar de o sofrimento de Emma mobilizar a família Bovary, ela não aceita nenhum tratamento, e, sob a intervenção da mãe de Charles, procuram afastá-la dos romances, que, segundo a mãe de Bovary, são obras

A ESTRUTURA DA HISTERIA em Madame Bovary

... que são contra a religião e nas quais se zomba dos padres com palavras tiradas de Voltaire..., e quem não tem religião sempre acaba mal (p. 143).

No entanto, as precauções de Charles e de sua mãe não contavam com o encontro inesperado que acaba por acontecer entre Emma e aquele com quem ela irá realizar suas fantasias de adultério: Rodolphe Boulanger, dono de uma propriedade em Huchette,

"... um domínio perto de Yonville, cujo castelo acabara de adquirir, ... Vivia sozinho e diziam que tinha pelo menos quinze mil libras de rendas!" (pp. 144).

O encontro dá-se no consultório de Charles, onde Emma veio socorrê-lo, quando o empregado que Rodolphe havia trazido desmaia ao ver seu próprio sangue. Aproveitando a ocasião, Rodolphe lança-lhe seu primeiro cortejo, ao dizer ao farmacêutico que também se encontrava no local:

— Ele me trouxe a vantagem de tê-lo conhecido, acrescentou. E olhava Emma ao dizer essa frase (p. 146-147).

Os olhares de Rodolphe atingem seu objetivo quando, depois de sua partida, vemos que

... Emma percebeu-o na pradaria, caminhando embaixo dos choupos... (p. 147).

Rodolphe, ao contrário de Léon, não é nenhum jovem inexperiente:

... tinha trinta e quatro anos; tinha um temperamento brutal e uma inteligência perspicaz, tendo aliás convivido muito com mulheres e conhecendo-as bem... (p. 147).

Sérgio Scotti

Além do mais, diferentemente de Léon, que, como dissemos, se assemelhava a Emma Bovary em sua histeria, Rodolphe aparenta traços perversos quando o vemos, de imediato, elucubrando seus planos, para transformar Madame Bovary em seu instrumento de gozo, pensando nela e em seu marido:

> — *Acho que é um tolo. Ela está, sem dúvida, cansada dele. Ele tem unhas sujas e uma barba de três dias. Enquanto sai a trote para ver seus doentes ela fica remendando meias. E entedia-se! Gostaria de morar na cidade, dançar polca[33] todas as noites! Pobre mulherzinha! Deve desejar ardentemente o amor como uma carpa deseja água na mesa da cozinha. Com três palavras galantes, ela me adoraria, tenho a certeza! Seria terno! Encantador!... Sim, mas como ver-se livre dela depois? (p. 147).*

Mas, como veremos a seguir, Rodolphe não encontrará dificuldade em resolver tal problema, já que a própria Emma lhe dará os motivos. Após lermos tal passagem, lembramo-nos do que Freud dizia a respeito do neurótico que sonha com as fantasias que o perverso realiza[34]. Rodolphe parece ler os pensamentos e os desejos de Madame Bovary. Os comícios agrícolas que se realizarão em breve em Yonville parecem-lhe a ocasião propícia para aproximar-se mais dela:

> *... teremos em breve os Comícios; ela irá, eu a verei. Começaremos, e ousadamente, pois é o mais seguro (p. 148).*

Quando os comícios ocorrem,

> *... a Sra. Bovary que está de chapéu verde. Ela está mesmo de braço com Boulanger (p. 152).*

---

33. Dança originária da Boêmia, de compasso binário. Esteve em grande voga no século XIX (nota do autor).

34. FREUD, S., *op. cit.*, p. 1350.

A ESTRUTURA DA HISTERIA em Madame Bovary

De acordo com seus planos, Rodolphe começa ousadamente:

— Veja que lindos bem-me-queres, disse ele, e em quantida-
de para servir de oráculo a todas as apaixonadas da região.
Acrescentou:
— Se os colhesse. Que pensaria a senhora?
— O senhor está apaixonado? disse ela tossindo um pouco.
— Ora! quem sabe, respondeu Rodolphe (p. 153).

Depois de os dois terem reclamado da mediocridade provinciana, Rodolphe, para não fazer-se sobressair com imagem de conquistador, apresenta-se como alguém amargurado e triste, necessitando de companhia e amparo, do que Madame Bovary se admira:

— O senhor!, disse ela com espanto. Mas julgava-o tão alegre!
— Ah! Sim, aparentemente, porque na sociedade sei pôr no
rosto uma máscara trocista; e contudo quantas vezes, ao ver
um cemitério, ao luar, perguntei a mim mesmo se não seria
melhor ir reunir-me àqueles que estão dormindo... (p. 155).

Mas, ao mesmo tempo, não deixa de sugerir à sua vítima que
ele, na verdade, é lobo em pele de cordeiro:

— Eu deveria recuar um pouco, disse Rodolphe.
— Por quê? disse Emma...
— É que poderiam ver-me lá de baixo, replicou Rodolphe,
depois deveria passar quinze dias a desculpar-me e com
minha má reputação...
— Oh! O senhor está se caluniando, disse Emma.
— Não, não, ela é execrável, juro-lhe (p. 159).

Nesse verdadeiro exercício de sedução, em que Rodolphe nos
mostra, mais uma vez, seus traços perversos, ele, alternadamente, se
mostra carente e também sabedor de como alcançar o gozo da felicidade, da verdadeira relação sexual:

Sérgio Scotti

— Ora, disse ele, não sabe que há almas constantemente atormentadas? Precisam alternadamente de sonho e de ação, das mais puras paixões, dos mais violentos gozos e atiramonos assim em toda espécie de fantasia, de loucura (p. 159).

Não estamos, aqui, diante de um discurso perverso[35] que conclama o neurótico a realizar suas fantasias, à realização do fantasma, ao cumprimento do desejo?

E a cada investida de Rodolphe, Emma, como histérica que é, reage, ao modo neurótico, conclamando, por sua vez, a lei, o limite, o recalque:

Então, ela o olhou como se contempla um viajante que passou por países extraordinários e replicou:

— Nós, pobres mulheres, nem mesmo temos essa distração! (p. 160).

Mas, para corromper a histérica[36], o discurso neurótico, Rodolphe não hesita em desvalorizar o seu próprio discurso, para, logo mais tarde, elevá-lo a uma categoria superior e torná-lo ainda mais atrativo, pois o que ele promete é a felicidade, a ausência da castração:

— Triste distração, pois nela não encontramos a felicidade (p. 160).

Isso dá seus resultados, como podemos ver:

— Mas ela pode ser encontrada? perguntou ela...

— Sim, um dia ela é encontrada, respondeu ele...

— Um dia ela é encontrada, repetiu Rodolphe, um dia, de

---

35. Não pretendemos aqui utilizar o personagem Rodolphe como ilustração da estrutura perversa, que, aliás, não é nosso tema. Utilizamo-nos dele apenas para ilustrar como se opõe ao discurso histérico um discurso que revela traços perversos, notadamente o desafio e a transgressão, que, enquanto traços, devemos lembrar, podem apresentar-se tanto na histeria quanto na obsessão.

36. "... A estratégia perversa permanece sempre fixa qualquer que seja a variedade de suas efetuações. Ela consiste sempre em *desencaminhar* o outro com relação às balizas e aos limites que o inscrevem diante da lei..." (DOR, J., *Estruturas e clínica psicanalítica*, Rio de Janeiro, Taurus Editora, 1994, p. 49).

A ESTRUTURA DA HISTERIA em Madame Bovary

repente, quando já se desesperava. Então os horizontes entreabrem-se, é como uma voz que grita: 'Ei-la!'. Sentimos a necessidade de confidenciar nossa vida a essa pessoa, de dar-lhe tudo, sacrificar-lhe tudo! Não se explica nada, tudo é adivinhado. Um entreviu o outro em seus sonhos. (E ele olhava-a.) Enfim, ele está diante de nós, o tesouro que tanto procuramos; ele brilha, ele cintila. Contudo, duvidamos ainda, não ousamos acreditar; permanecemos fascinados, como se saíssemos das trevas para a luz.

E ao acabar de pronunciar essas palavras, Rodolphe acrescentou a pantomima à sua frase. Passou a mão pelo rosto, como um homem tomado de vertigem; depois, fê-la recair sobre a de Emma. Ela retirou a sua... (p. 160).

Coerentemente ao modo perverso[37], Rodolphe, referindo-se a um trecho do discurso que se pronunciava no comício, engancha seu próprio discurso, em que expressa sua própria moral, propondo, assim, a transgressão e o desafio da moral ordinária:

... fruto do respeito às leis e da prática dos deveres.
— Ah! Ainda isso, disse Rodolphe. Sempre os deveres, estou enfastiado com essas palavras. São um monte de velhos palermas de colete de flanela e de beatas com braseiro nos pés e terço nas mãos que nos cantam continuamente nos ouvidos. "O dever! O dever!" Ora! Por Deus! O dever é sentir o que é grande, amar o que é belo e não aceitar todas as convenções da sociedade com as ignomínias que ela nos impõe (p. 161).

---

37. "Devemos insistir no caráter imperativo segundo o qual o perverso fará intervir a lei do *seu* desejo, ou seja, como a única lei do desejo que ele reconhece, e não como um desejo que estaria fundado na lei do desejo do outro, que é, inauguralmente, a Lei do pai. É sempre deste ponto de vista que se deve compreender que o pai 'faz a lei' (Lacan) para a mãe e a criança. Permanentemente, o perverso esforçar-se-á para então desafiar essa Lei do pai, com tudo aquilo que ela impõe enquanto falta a simbolizar (castração) .." (DOR, J., *op. cit.*, p. 49).

Sérgio Scotti

Madame Bovary, por seu lado, ainda tenta resistir, apelando para o que resta de sua moral comum:

— Mas é preciso realmente, disse Emma, seguir um pouco a opinião do mundo e obedecer à sua moral (p. 161).

Chega a nos impressionar a maneira pela qual podemos encontrar, em um texto literário, a expressão mais clara do confronto entre dois discursos, nos quais o que está em jogo é exatamente o modo pelo qual cada um deles reflete a posição do sujeito ante a lei, ante a castração. Não que o perverso não reconheça a lei, mas ele a reconhece justamente do modo que lhe é próprio, por meio da transgressão e do desafio. O perverso está dentro da lei tanto quanto o neurótico, só que põe em ato a cena de seu fantasma, com o qual o neurótico sonha. É preciso que a lei exista e que ela seja reconhecida pelo perverso, para que seja, então, desafiada[38].

Não é que o neurótico não deseje desafiá-la também. Mas o que o diferencia do perverso é que a repressão e sua outra face, que é a identificação ao pai ideal, impedem-no de passar ao ato.

Em *Fantasias histéricas e sua relação com a bissexualidade* (1908), Freud já nos falava da identidade das fantasias encontradas na neurose, na perversão e na paranóia e de como a fantasia histérica era a expressão de um fantasma tanto masculino quanto feminino. E, como vimos anteriormente, a condição para que a perversão apareça na neurose é o amor. Vimos que o amor rompe barreiras, aproxima os opostos e os reúne numa união perfeita, em que não há falha, em que tudo se encaixa, como dizia Rodolphe.

Rodolphe, aliás, dá continuidade, de forma explícita, à moral, que se sustenta na outra lei que o discurso perverso cria para si mesmo:

---

38. "... Não há meio mais eficaz de se assegurar da existência da lei do que o de se esforçar por transgredir as interdições e as regras que a ela se remetem simbolicamente..." (DOR, J., *op.cit.*, p. 43).

A ESTRUTURA DA HISTERIA em Madame Bovary

— Ah! Mas existem duas, replicou ele. A pequena, a convencional, a dos homens, aquela que varia continuamente e que berra tanto, que se agita por baixo, terra-a-terra, como esta reunião de imbecis que a senhora está vendo. Mas a outra, a eterna, ela está ao redor e acima, como a paisagem que nos rodeia e o céu azul que nos ilumina (p. 161).

Essa outra lei, no entanto, só existe em função da lei do falo, que é também a lei que rege o gozo do perverso, gozo parcial, mas que se acena para o neurótico e, especialmente, para a histérica como um gozo fora-da-lei, o gozo do Outro, que o gozo do homem perverso representa para a mulher. Mais ainda para a histérica, que vê no gozo prometido pelo perverso a promessa de como goza A mulher. E é nesse sentido que Rodolphe se torna para Emma o novo representante da mestria. Mas, desta vez, esse mestre se apresenta a Madame Bovary diferentemente de Charles e de Léon, de quem Emma se propunha ser o falo na sua falta. Ela o será agora, na perfeição de Rodolphe, que se mostra como aquele que sabe amar acima dos homens comuns.

Em favor da sedução de Rodolphe encontra-se também, como já vimos, a fragilidade da identidade histérica e sua peculiar atividade fantasmática, que a torna presa fácil da sugestão. É como se ela estivesse sempre à espera de alguém, de um mestre que lhe aponte o caminho, que lhe dê a resposta de como goza A mulher. Bem dizia Lacan, o que a histérica quer é um homem que saiba fazê-la gozar[39]:

... Emma, olhava-o de perto, fixamente... e sentia mesmo o perfume... foi então tomada de languidez, lembrou-se daquele visconde que a fizera valsar em Vaubyessard... percebeu ao longe, nos confins do horizonte, a velha diligência Hirondelle... *Era naquele veículo que Léon tão freqüente-*

---

39. *"Quero um homem que saiba fazer amor"* (LACAN, J., *Seminário XVII – O avesso da psicanálise*, Rio de Janeiro, Jorge Zahar Editor, 1992, p. 193).

Sérgio Scotti

mente voltara para ela; ... pareceu-lhe que ainda girava na valsa, sob a luz dos lustres, ao braço do visconde e que não estava longe, que ia chegar... e todavia sentia sempre a cabeça de Rodolphe ao seu lado (p. 163).

Assim é que, após ter enveredado pelos caminhos do magnetismo e do destino,

Rodolphe conversava com a Sra. Bovary sobre sonhos, pressentimentos, magnetismo... o rapaz explicava à jovem mulher que tais atrações irresistíveis provinham de alguma existência anterior.
— Assim nós, dizia, por que nos conhecemos? Que acaso o quis? É que, afastados, sem dúvida, como dois rios que correm para encontrar-se, nossas inclinações particulares nos haviam impelido um para o outro.
E ele agarrou sua mão; e ela não a retirou (p. 164).

Finalmente, Emma cede às investidas de Rodolphe, que se declara abertamente:

Pois nunca encontrei em nenhuma companhia um tão completo encanto...
Rodolphe apertava-lhe a mão e sentia-a quente e fremente como uma rola cativa que deseja retomar seu vôo; mas, seja porque quisesse libertá-la ou seja porque respondesse àquela pressão, ela fez um movimento com os dedos; e ele exclamou:
— Oh! Obrigado! A senhora não me repele! A senhora é boa! Compreende que lhe pertenço! Permita que a veja, que a contemple! (p. 165).

Contudo, essa ainda não era a entrega final. Rodolphe queria mais que a mão de Emma. Ele queria muito mais; queria, na verdade, o ser de Emma. Será que ela irá entregar-se a tal ponto? Será que

A ESTRUTURA DA HISTERIA em Madame Bovary

ela irá deixar-se corromper por Rodolphe, até entregar-lhe seu ser de mulher que tanto o fascina? Ou será que Emma só lhe dará o falo que ela representa por meio de seu brilho?

É que ela tem olhos que entram no coração como uma pua. E aquela tez pálida!... Eu, que adoro as mulheres pálidas! (p. 148).

De qualquer forma, se Emma, enquanto histérica, tem ou não um ser de mulher para entregar, pois se trata justamente do que ela procura, o fato é que, pelo menos por ora, Emma deve retornar à companhia de Charles:

... A Sra. Bovary tomou o braço de Rodolphe; ele acompanhou-a à casa; separaram-se diante da porta, ...
Tornou a vê-la à noite, durante os fogos de artifício; mas ela estava com o marido... (p. 168).

Após haverem terminado os comícios, Rodolphe, estrategicamente, desapareceu por um longo período:

— Não voltemos tão cedo, seria um erro (p. 171).

Só reapareceu depois de seis semanas, dando mil desculpas, que tinha tido negócios para resolver, que havia estado doente e que temia ser rejeitado por Emma. Quando ele pronuncia seu primeiro nome, ela se admira:

— Senhor! disse ela, afastando-se um pouco.
— Ah! Está vendo, replicou ele com voz melancólica, que eu tinha razão em não querer voltar; pois este nome, este nome que enche minha alma e que me escapou, a senhora mo proíbe! Senhora Bovary!... Ora! todo mundo a chama assim!... Não é seu nome, aliás, é o nome de outro! (p. 171).

Sérgio Scotti

Depois de jurar que, por várias vezes, à noite, vinha olhar sua casa, ele declara seu amor:

— Não, amo-a, eis tudo!... (p. 172).

Nesse momento, aparece Charles. Ao saber que falavam sobre a saúde de Emma, ele aceita candidamente a sugestão de Rodolphe de que ela deveria praticar equitação. Apesar de Emma ter recusado a sugestão, por não possuírem cavalos, e, também, apesar de Rodolphe lhe haver oferecido um, Charles insistiu que sua mulher aceitasse o convite do Sr. Rodolphe Boulanger.

Ah, Charles! Pobre Charles! Como já havíamos sugerido no início (veja-se introdução), o marido de Madame Bovary parece empurrá-la para seu futuro amante, protagonizando com Emma o casal protótipico que favorece a perversão: a mãe sedutora e o pai complacente[40]:

— Por que não aceitas a proposta do Sr. Boulanger, que é tão amável?
Ela fez um ar amuado, procurou mil desculpas e declarou finalmente que aquilo talvez iria parecer engraçado.
— Ah! Nada disso me importa, disse Charles fazendo uma pirueta. A saúde antes de tudo! Tu estás errada!
— Ora! Como queres que eu monte a cavalo já que não te-nho roupa de amazona?
— Deves encomendar uma! respondeu ele.
A roupa de amazona decidiu-a (p. 173).

Logo que o traje de Madame Bovary ficou pronto, saíram a cavalo e, em um bosque próximo à cidade, Emma acabou por se entregar a Rodolphe, depois de resistir ainda mais um pouco:

---

40. DOR, J., *O pai e sua função em psicanálise*, Rio de Janeiro, Jorge Zahar Editor, 1991, p. 62.

A ESTRUTURA DA HISTERIA em Madame Bovary

Levantou-se para ir embora. Ele agarrou-a pelo pulso. Ela se deteve. Depois, tendo-o observado por alguns minutos com olhar amoroso e úmido, disse com vivacidade:
— Ah! Veja, não falemos mais nisso... Onde estão os cavalos? Voltemos...
— Oh! O senhor me mete medo! O senhor me machuca! Vamos embora...
— Oh! Mais uma vez, disse Rodolphe, não partamos! Fique!...
— Faço mal, faço mal, dizia ela. Sou louca em ouvi-lo.
— Por quê?... Emma! Emma!
— Oh! Rodolphe!... disse lentamente a jovem, inclinando-se sobre seu ombro.
... ela se abandonou (pp. 176-177).

Depois,

... Havia silêncio em toda parte; algo de doce parecia sair das árvores; ela sentia o coração, cujas batidas recomeçavam e sentia o sangue circular em sua carne como um rio de leite (p. 177).

Quando voltou para casa, Emma encontrou seu marido, que lhe disse:

— Pois bem, passei à tarde em casa do Sr. Alexandre; ele tem uma velha poldra, ainda muito bonita, apenas com um pouco de joelheiras e que se poderia adquirir, tenho a certeza, por uma centena de escudos...
Acrescentou:
— Pensando mesmo que isso te daria prazer, eu a reservei... eu a comprei... Fiz bem? Responde.
Ela moveu a cabeça em sinal de aquiescência; ... (p. 178).

O que mais poderia fazer Emma? O que mais poderia fazer, já que o próprio marido lhe oferecia todas as ocasiões e todas as condições para que ela se entregasse ao seu novo mestre? Não havia sido ele,

Sérgio Scotti

Charles, com sua mediocridade e inépcia que havia frustrado seus sonhos de amor e felicidade? Não era por causa dele que ela vivia na província em vez de Paris? Não fora por ele, pela fidelidade doméstica, que ela havia se sacrificado e renunciado a realizar seu amor por Léon? Desde Léon, na verdade, desde a decepção com o casamento, ficaram reservadas para Charles todas as razões e causas de seu sofrimento, de sua infelicidade. Bem dizia Freud[41]: Charles tornou-se o herdeiro da relação odiosa entre mãe e filha. Metáfora ou metonímia? Rouault (o pai), Charles, Léon e, agora, Rodolphe. Será que qualquer um deles consegue metaforizar a mãe, ou será que são todos substituições metonímicas em uma série interminável que nunca deixa de se refazer? Será que Rodolphe conseguirá ocupar o lugar de mestre? Por quanto tempo? Bem, pelo menos por agora, Rodolphe ocupará o lugar do falo que falta a Madame Bovary:

Dizia a respeito de si mesma: "Tenho um amante! Um amante!..." (p. 178).

Nessa mesma medida, ele ocupará o lugar do mestre, que poderá dar a ela o que sempre desejou, que saberá fazê-la gozar, que saberá amá-la:

... Portanto ia possuir enfim aquelas alegrias do amor, aquela febre de felicidade da qual desesperara. Entrava em algo maravilhoso onde tudo seria paixão, êxtase, delírio; uma imensidão azulada a rodeava, os cumes do sentimento cintilavam sob seu pensamento, a existência comum só aparecia ao longe, lá embaixo, na sombra, entre os intervalos daquelas alturas (p. 178).

Rodolphe não só ocupará daqui por diante o lugar de mestre, mas também, por seus traços perversos, despertará, igualmente, a perversão de Madame Bovary, perversão que se manifesta na colocação em ato das fantasias de sua juventude:

---

41. FREUD, S., *Sobre la sexualidad femenina, op. cit.*, p. 3081.

A ESTRUTURA DA HISTERIA em Madame Bovary

Lembrou então as heroínas dos livros que lera e a legião empírica daquelas mulheres adúlteras pôs-se a cantar em sua memória com as vozes das irmãs que a encantavam. Ela mesma tornava-se como uma parte real daquelas imagens e realizava o longo devaneio de sua juventude vendo-se como aquele tipo de amante que tanto desejara ser... (p. 178).

Como já lembramos[42], entre os amantes se restabelecem os desejos e os comportamentos perversos que normalmente permanecem recalcados e dos quais Emma goza, agora, no amor do adultério:

... Ela o saboreava sem remorsos, sem inquietação, sem perturbação (p. 179).

Aliás, cabe perguntar, nesse momento: de que espécie de amor se trata no caso de Madame Bovary?

Como já dissemos, o sintoma de Madame Bovary é o amor, a paixão. Sem tal sintoma não se vive, já que sem ele não se mantém o recalque, sua outra face, a qual, por sua vez, remete ao desejo que, vimos, em última instância, é desejo de ser: desejo de ser por uma falta-em-ser, castração do ser no campo da linguagem.

Mas, se não mantém o desejo, pois o que o mantém é a falta-em-ser, que é que sustenta esse desejo?

O que nos ensina Juranville[43] quando nos fala do desejo, e isso acaba nos remetendo novamente a Freud[44], é que o que sustenta o desejo é o fantasma: no caso da histeria, o fantasma de ser o falo do Outro. Esse Outro, por sua vez, se revela como faltoso em função da

---

42. "... segundo Freud, o amor tem a força de restabelecer, entre os amantes, as perversões ou os desejos e comportamentos perversos que noutro lugar são recalcados..." (ANDRÉ, S., *op. cit.*, p. 260).

43. "... A fantasia é o modo segundo o qual se efetua o relacionamento entre o desejo e o objeto e, mais exatamente, o lugar da constituição do objeto. Com relação ao desejo. A fantasia desempenha um papel duplo. Sustenta o desejo e lhe oferece seus objetos..." (JURANVILLE, A., *Lacan e a Filosofia*, Rio de Janeiro, Jorge Zahar Editor, 1987, p. 168).

44. FREUD, S., *op. cit.*, pp. 1350-1351.

Sérgio Scotti

falta do real da Coisa, à qual ele sempre remete (veja cap. 2). E o encontro com essa falta é justamente o que o fantasma busca evitar, que é, afinal, a própria falta do sujeito.

Se, como podemos ver, a questão da falta está inextricavelmente ligada à relação do sujeito ao Outro, é porque a própria existência do sujeito depende dessa relação. Daí podemos inferir a importância da relação amorosa como um recobrimento dessa relação do sujeito ao Outro.

No fantasma, a tentativa de obturar a falta do Outro, que recobre a falta da Coisa, pela própria inacessibilidade dela no real, faz com que o sujeito se encontre sempre com o que aparece no lugar da Coisa, que é sempre outra coisa, ou seja, o que Lacan chama de objeto a[45]. É por isso que existe o risco de o sujeito se perder na relação amorosa, pois o que nela está em jogo é o seu próprio ser, que ele tenta oferecer a outro: ser que é buscado também pelo outro.

Retornando ao sintoma de Madame Bovary, podemos entendê-lo, então, como a realização de um fantasma que se insere em suas fantasias e como o cumprimento de um desejo.

Entretanto, como foi visto mais acima, a histérica recusa-se a jogar seu pequeno a, sempre com vistas a um gozo absoluto, no qual o que está no horizonte é o Outro na sua face real, a Coisa, que sempre escapa ao sujeito. Portanto, aquilo que ela visa no amor é o ser do outro como suplemento de sua falta-em-ser. Mas será que ela arrisca seu ser ou, ao menos, seu gozo fálico, parcial, para chegar a um gozo que seria o d'A mulher? Ou o que ela alcança, de novo, é somente a insatisfação? Quanto ao amor entre Emma e Rodolphe, tentaremos analisá-lo, ainda, no nível do imaginário, do simbólico e do real[46].

Por um lado, o amor remete-nos à nossa própria imagem, que recebemos invertida do outro. Esse aspecto mais narcísico do amor e, talvez, mais comum é bastante evidente no caso de nossa personagem. Nele, o que Emma encontra nada mais é do que o reflexo de tudo aquilo que ela imagina de si mesma, que é, diga-se de passa-

---

45. LACAN, J., *Seminário XVII*, *op. cit.*, pp. 12-13.
46. ANDRÉ, S., *op. cit.*, pp. 252-257.

A ESTRUTURA DA HISTERIA em Madame Bovary

gem, habilmente confirmado por Rodolphe. Por outro lado, o amor de Emma e Rodolphe manifesta seu aspecto simbólico quando vemos quanto ele necessitará ser confirmado no nível do dizer. Das mulheres se diz que elas não só desejam ser amadas, mas também que se diga a elas, sempre, que as amamos[47]. Esse desejo de serem preenchidas pela palavra de amor decorre do fato de que o amor vem suprir a ausência de relação sexual tanto quanto provê, para a mulher, uma suplência de sua falta-em-ser no plano simbólico, que, como vimos, se relaciona com a ausência do significante d'A mulher. Tanto é assim que, para algumas mulheres, a relação sexual, embora não exista como diz Lacan[48], ocorre somente sob a condição de que elas se sintam amadas ou, ao menos, que se lhes diga isso.

A suplência da falta-em-ser que o amor permite deve-se a que entre os amantes se desenvolve, reciprocamente, a suposição de que o outro detém um saber a respeito de nós mesmos que nos falta. Por isso, encantamo-nos tanto com aquilo que nosso(a) amado(a) adivinha em nós (um pensamento, um desejo, uma aflição, que nos são adivinhados ou que adivinhamos no outro), pois isso se torna o signo de uma completude que nos falta e que falta também à relação sexual. Embora, nesse aspecto, o amor se avizinhe do amor narcísico do plano imaginário, aqui está implicado um sujeito a outro sujeito, já que se trata de uma forma de amor que depende do significante para que se estabeleça. Mas, justamente por depender do significante, é que, para ele se manter, tem de ser sempre de novo confirmado por meio do discurso. Sempre mais e mais se quer ouvir que se é amado.

Também nesse particular Madame Bovary nos ilustra, quando ela e Rodolphe dão continuidade aos seus encontros no bosque, nos quais

... ela lhe pedia, contemplando-o com as pálpebras semi-cerradas, que a chamasse mais uma vez por seu nome e lhe repetisse que a amava...

---

47. ANDRÉ, S., *op. cit.*, p. 256.
48. LACAN, J., *Seminário XX – Mais ainda, op. cit.*, p. 197.

Sérgio Scotti

A partir daquele dia, escreveram-se regularmente todas as noites. Emma levava sua carta à extremidade do jardim, perto do rio, numa fenda do terraço. Rodolphe vinha buscá-la e colocava outra que ela sempre dizia ser curta demais (p. 179).

Poderíamos traduzir isso por: "Ame-me, Rodolphe! Diga-me, sempre, que me ama e que sou mulher, sua mulher, seu amor!".

Contudo, existe no amor de Madame Bovary, no seu sintoma, outro aspecto que ainda nos resta considerar, aquele que nos parece marcá-lo mais profundamente e que tem a ver com o amor no plano do real.

Se, antes, era na imagem de si mesmo e, depois, em outro sujeito que nos fala de nós mesmos que procurávamos o ser que sempre nos escapa, agora, no nível do real, o que se busca no amor é o próprio ser do outro. Como dissemos, no amor, o outro, que é suposto saber o que nos falta, torna-se o Outro. É a esse Outro, então, que, no real, se procura encontrar aquele de quem se busca o ser. Mas, como o Outro, enquanto corpo, nunca é encontrado, na medida em que, para se chegar a ele, se esbarra sempre contra o muro da linguagem, o que resta é o objeto *a*. Esse objeto *a*, que é posto em relação com o sujeito (S <> a), compõe a fórmula do fantasma em que tanto o sujeito se oferece como objeto quanto este mesmo sujeito deseja o objeto *a*, que antes fora a Coisa.

Na medida mesma em que o ser do Outro sempre escapa é que o amor adquire, então, seu aspecto voraz, no qual se quer incorporar o outro do amor, mesmo que seja às custas de um não-ser-mais-outro, que desaparece detrás de um ideal de comunhão.

Se, de um lado, a histérica se aliena, fazendo do seu desejo o desejo do Outro – no seu fantasma de fazer o falo –, também o outro, o parceiro, de outro lado corre o risco de se perder nesse amor.

É assim que Rodolphe, aos poucos, vai se dando conta da voracidade do amor de Emma. Primeiro, aproveitando as primeiras horas da manhã, enquanto Charles dormia, ela aparecia no castelo de Rodolphe, acordava-o, e ele,

A ESTRUTURA DA HISTERIA em Madame Bovary

... rindo, atraía-a para si e a apertava ao coração. Em seguida, ela examinava o quarto, abria as gavetas dos móveis, penteava-se com seu pente e olhava no espelho de barbear... Enfim, ele declarou, com ar sério, que suas visitas tornavam-se imprudentes e que ela estava se comprometendo (p. 180).

Depois, quando seus encontros se tornaram ainda mais freqüentes, sob o caramanchão, no fundo do jardim ou, mesmo, no consultório de Charles quando chovia, a avidez de Emma tornava-se cada vez maior:

Aliás, ela tornava-se bem sentimental. Fora necessário trocar miniaturas; haviam cortado punhados de cabelo e ela pedia agora um anel, um verdadeiro anel de casamento, em sinal de aliança eterna. Freqüentemente ela lhe falava dos sinos da tarde ou das vozes da natureza; em seguida falava-lhe de sua mãe e da mãe dele. Rodolphe a perdera havia vinte anos. Emma, contudo, consolava-o com linguagem afetada como se teria feito com um menino abandonado e dizia-lhe mesmo às vezes, olhando a lua:
— Tenho a certeza de que, lá em cima, juntas, elas aprovam nosso amor (p. 185).

Analisando com um pouco mais de detalhe essa passagem, talvez possamos encontrar alguns aspectos reveladores. Por que essa referência à mãe? Por que ela aparece em um momento como esse, em que, tão enlevada pelo amor adúltero, Emma a conclama como testemunha benfazeja desse amor?

Ao mesmo tempo, chama-nos a atenção como, em sua exaltação, Emma ora se coloca como absolutamente dependente de Rodolphe –,

... Emma chorava, teria desejado nunca abandonar Rodolphe. Alguma coisa de mais forte do que ela empurrava-a para ele, ... (p. 180) –,

Sérgio Scotti

ora como sua protetora, tratando-o como um menino abandonado.

Primeiramente, parece-nos que essa passagem vem ilustrar, mais uma vez, o que vínhamos ponderando até então sobre a vinculação primitiva da histérica à mãe (Freud) ou à Coisa, que é em verdade visada na relação com o Outro (Lacan), quando nos referimos ao fato de que, quando a histérica busca um mestre, é que realmente ela visa outra coisa. Essa outra coisa se revela, pela própria falha do mestre, como algo que está além dele, acima dele, e que testemunha, enquanto convocada como observadora, o amor que ela (a histérica) lhe dedica, seu verdadeiro objeto de desejo, que só pode ser alcançado por efeito do recalque, na forma do objeto *a*, que, no caso presente, é Rodolphe.

Mas é por intermédio de Rodolphe mesmo que Emma pode vislumbrar a mãe mítica, a Coisa. O mestre falha mais uma vez porque Rodolphe, enquanto sujeito à sedução do adultério, falha como representante do pai simbólico, que faria a lei, impedindo o acesso à mãe. Sendo passível de sedução, tanto como sedutor quanto como seduzido, Rodolphe abre o horizonte em que se vislumbra o gozo absoluto de ser amada e aprovada pela mãe, que aqui aparece duplamente representada.

Como, no caso Dora, de Freud, era a Sra. "K" que ela visava quando aceitava participar da trama envolvendo as relações libidinosas entre seu pai e a Sra. "K", quando também aceitava a sedução do Sr. "K" e, até mesmo, quando rejeita a aproximação definitiva deste, é porque seu desejo estava comprometido com a Sra. "K", embora, por procuração, como nos diz Lacan[49], ela se fazia amada e fazia amar a Sra. "K" por seu pai, com quem se identificava.

Além disso, o comportamento de Emma na relação com Rodolphe parece refletir justamente a oscilação de papéis que se observa no fantasma, em que ela ora se coloca como o sujeito barrado desejante, sequiosa do amor de Rodolphe, ora se coloca como o objeto de desejo do Outro, oferecendo-se a ele como capaz de obturar-lhe a falta que nele supõe como a de um menino abandonado.

---

49. LACAN, J., *Seminário IV – A relação de objeto*, Rio de Janeiro, Jorge Zahar Editor, 1995, p. 141.

A ESTRUTURA DA HISTERIA em Madame Bovary

Confirmando sua incapacidade de sustentar o lugar de pai simbólico, incapacidade que já era patente desde o início por sua atitude sedutora, e confirmando também sua atitude perversa, Rodolphe começa a cansar-se de seu instrumento de gozo, seu brinquedo, seu fetiche:

> ... ela era tão bonita! Ele possuíra tão poucas com uma tal candura! Aquele amor sem libertinagem era para ele algo de novo e que, retirando-o de seus hábitos fáceis, afagava ao mesmo tempo o seu orgulho e sua sensualidade. A exaltação de Emma, desdenhada pelo seu bom senso burguês, parecia-lhe, no fundo do coração encantadora, visto que se dirigia à sua pessoa. Então, certo de ser amado, não mais se incomodou e, imperceptivelmente, suas maneiras mudaram (p. 186).

A decepção de Emma é, como de costume, poética e extraordinariamente descrita por Flaubert:

> ... de forma que o grande amor de ambos, em que ela vivia mergulhada, parecia diminuir como a água de um rio que era absorvida em seu próprio leito, e ela percebeu o lodo (p. 186).

E é a decepção de Emma que faz surgir a ambivalência subjacente àquele amor:

> Ela não sabia se lastimava ter-lhe cedido ou se não desejava, pelo contrário, amá-lo mais. A humilhação de sentir-se fraca transforma-se num rancor que as volúpias temperavam... (p. 186).

Neste ponto, volta-nos a pergunta: que tipo de amor é esse de Madame Bovary? Sem qualquer moralismo, visto que, com Lacan,

Sérgio Scotti

cremos que todo amor é, em essência, narcísico[50], parece-nos que o amor de Madame Bovary serve, na verdade, para encobrir sua falta, sua castração, pois, como vimos, o amor, por suas características, se presta a esta ilusão de caráter extraordinário, fora da castração, que arrebata e submete Emma Bovary –

> *"... Não era afeição, era como uma sedução permanente. Ele a subjugava. Ela tinha quase medo" (p. 186) –,*

mas

> *"... é o ordinário da castração que torna o amor tão extraordinário"[51].*

Por isso mesmo é que o amor entre Emma e Rodolphe acaba por se conformar ao ordinário de uma espécie de casamento sadomasoquista[52]:

> *... ao final de seis meses, quando a primavera chegou, sentiam-se um diante do outro como um casal que mantém tranqüilamente um amor doméstico...*
> *À noite, Rodolphe achou-a mais séria do que habitualmente.*
> *— Isto passará, pensou, é um capricho.*
> *E faltou consecutivamente a três encontros. Quando voltou, ela se mostrou fria e quase desdenhosa.*
> *— Ah! Perdes teu tempo minha querida...*
> *E mostrou não notar seus suspiros melancólicos nem o lenço que ela esticava.*
> *Foi então que Emma se arrependeu (pp. 186-188).*

---

50. LACAN, J., *Seminário XX – Mais ainda, op. cit.*, p. 14.
51. ANDRÉ, S., *op. cit.*, p. 263.
52. *Ibid.*, p. 263.

A ESTRUTURA DA HISTERIA em Madame Bovary

No seu arrependimento, Emma perguntava-se sobre a razão de sua infelicidade:

Mas quem a tornava tão infeliz? Onde estaria a catástrofe extraordinária que a transformara? Ela levantou a cabeça, olhando ao redor, como se procurasse a causa do que a fazia sofrer (p. 188).

O arrependimento e a culpa de Madame Bovary, mais uma vez, manifestam-se na forma de um zelo materno incomum e extemporâneo. Nele parece que, na verdade, é a si mesma que procura confortar e consolar:

... Como eu te amo, minha pobre filha! Como eu te amo! Depois, percebendo que ela tinha a ponta das orelhas um pouco sujas, tocou a campainha para ter um pouco de água quente e limpou-a, trocou-lhe a roupa de baixo, as meias, os sapatos, fez mil perguntas sobre sua saúde como se voltasse de uma viagem e enfim, beijando-a mais uma vez e chorando um pouco, recolocou-a nas mãos da criada muito admirada daquele excesso de ternura (p. 188).

Depois de lembrar-se do tempo em que ainda vivia com seu pai –

... Que felicidade naquele tempo! Que liberdade! Que abundância de ilusões! Não mais existiam agora! Ela as gastara em todas as aventuras de sua alma, em todos os estados sucessivos, na virgindade, no casamento e no amor... (pp. 187-188) –,

Emma, decepcionada com o mestre que ela julgava perfeito, volta seus pensamentos para Charles:

Sérgio Scotti

E até perguntou a si mesma por que razão execrava Charles e se não teria sido melhor podê-lo amar. Mas ele não oferecia uma grande ocasião para o renascer do sentimento, de maneira que ela permanecia muito embaraçada na veleidade do sacrifício quando o boticário veio exatamente fornecer-lhe a ocasião (p. 189).

Veremos, então, como Madame Bovary irá, conforme o modo histérico, tentar "fazer o homem", na esperança de reconduzir Charles ao lugar de mestre.

Madame Bovary e a fome de objetos

Emma Bovary não encontrou no amor de Rodolphe a felicidade que esperava. Para Rodolphe, Emma não passa, na verdade, de um instrumento para seu gozo. E ela esperava muito mais dessa relação. O que Madame Bovary esperava encontrar, em Rodolphe, não era somente um amante. O que esse amante representava, então, para ela? Poderíamos dizer que Rodolphe representava o falo, do qual Emma, enquanto histérica, se sente privada? Em certo nível poderíamos dizer que sim. Rodolphe representava para Emma o falo, cuja posse remediaria a pequenez de sua vida, suas frustrações e a falta de amor que sentia por Charles. Mas por que isso não deu certo?

Seria correto responsabilizarmos Rodolphe pela infelicidade de Emma? Não era óbvio que a relação de Emma e Rodolphe não tinha futuro? Mais uma vez, Emma Bovary engana-se. Mas de que tipo de engano se trata aqui?

Cremos que o engano maior que Madame Bovary criou, para si mesma, nada tem a ver com as intenções de Rodolphe Boulanger. Suas intenções eram as piores possíveis, e qualquer um poderia ter percebido isso, inclusive Madame Bovary. Sua cegueira deve-se,

A ESTRUTURA DA HISTERIA em Madame Bovary

antes que a um erro de avaliação das intenções de Rodolphe, à força de seu fantasma. Se é a fantasia que determina a realidade, que rege a existência[1], nenhum melhor exemplo do que esse "engano" de Emma. Tendo sido alçado à condição de mestre por Emma, Rodolphe falha quando se revela, simplesmente, como homem perverso, que logo se cansa de seu objeto fetiche[2].

> *... Então, certo de ser amado, não mais se incomodou e, imperceptivelmente, suas maneiras mudaram.*
>
> *Não tinha mais como outrora, aquelas palavras tão doces que a faziam chorar nem aquelas veementes carícias que a enlouqueciam; ... (p. 186).*

Contudo, o engano de Emma vai mais fundo. No seu fantasma histérico, $a/ \rightarrow \!\!\!\!\circ\ <> A$[3], Rodolphe ocupava o lugar do Outro (A), a quem Emma se oferecia como falo na forma do objeto a, enquanto causa do desejo de Rodolphe. Ao mesmo tempo, durante o processo de sedução recíproca, Rodolphe ocupava o lugar do Outro sem falta (Coisa) a que se dirigia o desejo de Emma. Quando a ilusão se desfaz, quando o real da falta reaparece, a amarga realidade que Emma Bovary não quer ver se impõe com toda sua força:

> *... o grande amor de ambos, em que ela vivia mergulhada, parecia diminuir como a água de um rio que era absorvida em seu próprio leito, e ela percebeu o lodo. Não quis acreditar; duplicou a ternura e Rodolphe escondia cada vez menos sua indiferença (p. 186).*

---

1. POMMIER, G., *A exceção feminina*, Rio de Janeiro, Jorge Zahar Editor, 1987, p. 9.

2. "Para Lacan, que dizia ser fundamentalmente perversa a sexualidade do macho, a coisa fica mais complexa: todos os homens são talvez fetichistas, até quando se inclinam para as mulheres! Pois que outra coisa os ocupa em seu desejo senão os substitutos do falo? Tudo se passa como se o corpo todo da mulher estivesse todo falicizado..." (MILLER, G., *O ato falho por excelência é o ato sexual, in Lacan*, Rio de Janeiro, Jorge Zahar Editor,1989, p. 62).

3. QUACKELBEEN, J. *et al.*, Entre la creencia en el hombre y el culto de la mujer, *in Histeria Y obsesión, op. cit.*, p. 100.

Sérgio Scotti

Porém, não era tanto a indiferença de Rodolphe que Emma mais temia. O que ela mais temia era deparar-se com sua castração, com sua falta. Novamente, temos de ir mais fundo no engano de Madame Bovary. Mais do que um falo, o que Rodolphe representava para Emma ou, melhor, o que Rodolphe era para Emma Bovary, ele era seu próprio ser. O ser que falta a Madame Bovary, que, imaginariamente, aparece na forma da privação do falo, ela o buscava em Rodolphe. Portanto, era o ser de Rodolphe que Emma queria.

O ser que falta a Madame Bovary será o *leit-motiv* de uma busca incessante, na qual cada novo objeto por ela encontrado deverá reparar essa falta-em-ser. Essa falta se deve ao fato de todo ser falante depender do significante, especialmente do significante fálico, para responder à questão de seu sexo. Tal questão permanece em aberto para a histérica, pois ela se recusa a aceitar tal significante como mediador de seu gozo, que ela considera como insuficiente: insuficiente perante o gozo de ser o próprio falo, o que remediaria sua própria falta-em-ser, dependente do significante que sempre remete a outro significante, em uma série sem fim.

No entanto, é curioso que, ao querer evitar permanecer nessa hiância entre um significante e outro, ao visar um gozo absoluto e sem falha, a histérica acaba por cair irremediavelmente e sempre nessa hiância. Isso porque, estando na dependência de Outro, de quem quer ser o falo, e esses outros que ela encontra, nunca estando à altura do Outro que ela neles supõe, a histérica vê-se lançada de novo entre um e outro mestre, que, ao falharem como tais, a mantêm nesse espaço, esvaziada de ser.

Quando a histérica busca no outro seu próprio ser, não é porque esse outro possa realmente deter o ser que lhe falta. Como vimos, o máximo de ser que alcançamos é o de ser falantes, dependentes do significante. É por supor no *outro* um ser que, aquele, se torna *Outro* para a histérica: ser que o outro não tem para dar, mesmo que se esforce para tanto, como, no amor, quando se dá o que não se tem[4].

---

4. ANDRÉ, S., *O que quer uma mulher?*, Rio de Janeiro, Jorge Zahar Editor, 1987, p. 266.

A ESTRUTURA DA HISTERIA em Madame Bovary

Mas o amor não deu a Madame Bovary o que ela esperava:

... Ela bem que gostaria de apoiar-se em algo mais sólido do que o amor (p. 189).

Especialmente depois que percebeu a fragilidade do amor de Rodolphe, Emma voltou, então, seus pensamentos para Charles:

E até perguntou a si mesma por que razão execrava Charles e se não teria sido melhor podê-lo amar (p. 189).

Na medida em que a histérica depende do Outro, do mestre, para encontrar o ser que ela supõe nele, é preciso amá-lo e que ele a ame para que se tornem um. É preciso que o outro se torne amorável tanto quanto a histérica se faz amante. O amor serve, então, como um pretexto para a busca do ser.

Assim é que, na falta de motivos para amar Charles, Emma Bovary, com a ajuda do farmacêutico da cidade, Homais, irá tentar fazer o homem que ela necessita amar.

Quando Lacan dizia que a histérica "faz o homem"[5], dizia que, à parte uma aparente homossexualidade, a identificação da histérica ao homem responde, sim, à necessidade de compreender A mulher a partir do desejo masculino. Vemos como isso aparece em Madame Bovary quando, com seus *ares levianos* e seu coquetismo, se vê a si mesma com os olhos do homem. A primeira a ser seduzida por sua imagem de mulher é ela mesma, identificada como está ao olhar masculino.

Porém, além desse sentido do aforismo de Lacan, podemos atribuir-lhe outro, que é o de que a histérica *cria* o homem que lhe falta para fazê-la mulher.

Se repararmos bem, trata-se, na verdade, de um único e só sentido, pois, se a histérica se identifica ao homem para cercar A mu-

---

5. LACAN, J., *Seminário III – As psicoses*, Rio de Janeiro, Jorge Zahar Editor, 1985, p. 283.

Sérgio Scotti

lher, é porque, em sua fantasia, o homem que ela cria para si mesma é aquele que ela buscará encontrar na realidade, ao mesmo tempo que se identifica com ele.

Em Yonville, na hospedaria *Lion d'or*, trabalhava Hippolyte, aleijado de um dos pés. Incentivada por Homais, o boticário, Madame Bovary convence seu marido, Charles, a arriscar-se em uma pequena operação para endireitar o pé de Hippolyte:

De fato, Bovary poderia ter êxito; nada afirmava a Emma que ele não fosse hábil e que satisfação para ela o fato de tê-lo levado a uma iniciativa que aumentaria sua reputação e sua fortuna! (p. 189).

Como se vê, apesar de todas as decepções já sofridas, apesar das limitações já demonstradas por Charles, Emma, enlevada pelos sonhos de grandeza do seu marido, que seria sua própria grandeza, busca elevá-lo, por meio da cirurgia inédita, à condição de objeto amorável.

A fome de objetos desejáveis que possam satisfazer o apetite de ser de Madame Bovary é insaciável. Quando não os encontra junto de si, busca criá-los, como faz com Charles, que se deixa convencer e realiza a cirurgia após muito estudo:

Enquanto estudava os eqüinos, os varos e os valgos, isto é, a estrefocapodia, estrefendopodia e a estrefexopodia..., o Sr. Homais exortava o criado da estalagem com todo tipo de argumento, a operar-se.
— Mal sentirás, talvez, uma dor de leve; é uma simples picada como uma simples sangria, menos que a extirpação de certos calos (pp. 189-190).
... Charles picou a pele; ouviu-se um estalo seco. O tendão estava cortado, a operação estava acabada. Hippolyte estava pasmo; inclinava-se sobre as mãos de Bovary para cobri-las de beijos (pp. 191-192).

137

A ESTRUTURA DA HISTERIA em Madame Bovary

Mas, desgraçadamente, a cirurgia não tem sucesso: a perna de Hippolyte é tomada de uma grangrena galopante. Em medida de desespero, pedem socorro ao Dr. Canivet, médico de Neufchâtel, que se vê obrigado a amputar a perna do infeliz empregado.

Infeliz sentia-se também Charles:

... Via-se desonrado, arruinado, perdido! (p. 199).

Mais infeliz do que ele sentia-se talvez Emma:

... não partilhava sua humilhação, sentia uma outra; era a de ter imaginado que um tal homem pudesse valer alguma coisa, como se já vinte vezes não tivesse suficientemente percebido sua mediocridade (p. 199).

O amor que Madame Bovary esperava poder sentir por Charles transforma-se em ódio:

Como pudera ela (ela que era tão inteligente!) enganar-se mais uma vez? De resto, que deplorável mania a fizera estragar assim sua existência em sacrifícios contínuos? Lembrou todos seus instintos de luxo, todas as privações de sua alma, as vulgaridades do casamento, do lar, seus sonhos que caíam na lama como andorinhas feridas, tudo o que desejara, tudo o que recusara a si mesma, tudo o que poderia ter possuído! E por quê? Por quê?
... Era por ele, contudo, por aquele ser, por aquele homem que nada compreendia, que nada sentia! Pois lá estava ele, tranqüilamente e sem mesmo desconfiar de que o ridículo ligado ao seu nome iria doravante sujá-la como a ele. Fizera esforços para amá-lo e, chorando, arrependera-se por ter cedido a outro (p. 199).

Sérgio Scotti

O ódio e as queixas de Madame Bovary lembram-nos o ódio de que falava Freud[6] quando se referia ao modo pelo qual a menina se afasta de sua mãe, responsabilizando-a por não lhe ter dado o falo tão desejado. Parece-nos que, nesse momento, Charles ocupa o lugar da mãe odiada e desprezada, pois também ela mesma (Charles) se mostra como castrada.

Só assim podemos compreender a cruel e desmedida reação de ódio de Madame Bovary, que, mais do que se sentir envergonhada de seu marido, o responsabiliza por não haver confirmado suas esperanças de encontrar nele a remediação de sua própria castração:

> ... *Tudo nele a irritava agora, seu rosto, sua roupa, o que não dizia, toda a sua pessoa, sua existência enfim. Arrependia-se como de um crime de sua virtude passada e o que dela ainda sobrava sob os golpes furiosos de seu orgulho (p. 200).*

Leia-se: ... *sob os golpes furiosos de seu narcisismo ferido.* Se podemos remeter a questão do narcisismo ao estádio do espelho, no qual, segundo Lacan[7], o ser humano recebe sua própria imagem invertida do outro, ou seja, se a imagem narcísica que o ser humano forma de si mesmo enquanto imagem ideal é o reflexo de si mesmo que ele recebe do outro, esse ideal de si mesmo dependerá de como ele é confirmado ou não pelo outro. Se o outro confirma o ideal, ele se torna o Outro e assim será amado; se não, permanece como outro indiferente e até mesmo odiado[8]. Parece-nos que isso ilustra ou, pelo menos, se relaciona, então, com a falha materna na identificação narcísica da histeria, que busca ser compensada pela identificação ao pai ideal, o mestre.

---

6. FREUD, S., *Obras completas — La feminidad in Nuevas lecciones introductorias al psicoanalisis*, trad. de Lopez-Ballesteros y de Torres, Madrid, Biblioteca Nueva, 1973, v. 3, pp. 3169-3170.

7. LACAN, J., *Seminário I — Os escritos técnicos de Freud*, Rio de Janeiro, Jorge Zahar Editor, 1986, pp. 147-149.

8. *Ibid.*, pp. 321-322.

A ESTRUTURA DA HISTERIA em Madame Bovary

Mas, se a Charles sobra o ódio, a idealização de si mesma e do Outro retorna a Rodolphe, que é reencaminhado à posição de amo:

A lembrança do amante voltava a ela com atrações vertiginosas; nela lançava sua alma, levada para aquela imagem por um novo entusiasmo; ... (p. 200).

Nessa passagem, Flaubert, ao mesmo tempo que nos inspira, até mesmo pela linguagem de que se utiliza, parece querer traduzir o que vínhamos expondo. A "alma", o ser de Madame Bovary, que, na verdade, é uma falta-em-ser, busca preencher seu vazio de ser pelo entusiasmo de uma imagem fantasmática perversa e maníaca:

... Deleitava-se com todas as ironias perversas do adultério triunfante (p. 200).

Nessa imagem, o limite da castração é apagado, tanto quanto seu representante:

... e Charles parecia-lhe tão afastado de sua vida, tão ausente para sempre, tão impossível e aniquilado quanto o seria se fosse morrer e se estivesse agonizando sob seus olhos (p. 200).

Jogada pelo desejo de um lado a outro, de um objeto a outro, e na medida mesma em que um objeto mostra sua face castrada, ressurge outro, que o vem substituir:

Quando Rodolphe, à noite, chegou ao jardim, encontrou sua amante esperando-o no primeiro degrau da escada. Uniram-se e todo o rancor de ambos fundiu como a neve sob o calor daquele beijo (p. 201).
Recomeçaram a amar-se. Freqüentemente, ... (p. 201).
... Quanto mais se entregava a um mais execrava o outro; ... (p. 201).

140

Sérgio Scotti

Como vemos, não há meio-termo na relação de Madame Bovary ao outro: ou se trata do Outro forte, belo e potente, ou do outro fraco, feio e castrado. Do mesmo modo, não há para ela meio-termo na posse do falo: ou se tem ou não se tem. Portanto, ela deveria possuir Rodolphe por inteiro: Rodolphe que, no amor, diferentemente de Madame Bovary, via nele menos que uma forma de buscar o ser do que uma simples forma de gozo:

... O que ele não compreendia era toda aquela perturbação em algo tão simples como o amor... (p. 201).

Essa perturbação tomava conta da vida de Madame Bovary:

... seu marido era odioso e a existência horrível! (p. 201).

À medida que ela mais amava Rodolphe, mais Charles lhe era insuportável, pois este lhe lembrava sua própria castração, que ela procurava evitar refugiando-se na idealização de um amor completo:

... jamais Charles lhe parecera tão desagradável, quando estavam juntos, com dedos tão quadrados, o espírito tão pesado, as maneiras tão comuns quanto após seus encontros com Rodolphe... (pp. 201-202).

Para que a posse de Rodolphe fosse completa, para que ele abandonasse tudo por ela --

— Iríamos viver alhures... em algum lugar... (p. 201) –,

ela tentava enredá-lo com presentes e juras de amor:

Além do chicote com castão de prata dourada, Rodolphe recebera um sinete com a divisa Amor nel cor[9]*; além disso,*

---

9. Amor no coração (nota do autor).

141

A ESTRUTURA DA HISTERIA em Madame Bovary

uma echarpe para usar como cachenê e enfim uma cigarrei-
ra exatamente igual à do Visconde, que Charles juntara ou-
trora na estrada e que Emma conservava... (p. 205).

— Quando tocar meia-noite, dizia, pensarás em mim!...
... — Tu me amas?...
... — Não amaste outras, hein?...
... — Oh! É que eu te amo! recomeçava ela, amo-te a ponto
de não poder viver sem ti, sabes?... Sou tua serva e tua
concubina! Tu és meu rei, meu ídolo! És bom, és belo, és
inteligente! És forte! (p. 205).

Ah, as palavras!...

... a eterna monotonia da paixão que tem sempre as mesmas
formas e a mesma linguagem... (p. 205).

Com quantas palavras se faz uma paixão? Como já havíamos
sublinhado antes, o amor, especialmente para as mulheres, necessita
ser renovado com palavras. Na verdade, é do significante que a mulher precisa para contornar o vazio, o buraco de uma essência feminina deixado pela ausência do falo, que não serve para significar a
feminilidade. O feminino, A mulher, serve de símbolo ao que sempre escapa quando, por meio das palavras, tentamos exprimir-nos,

... já que ninguém pode algum dia exprimir exatamente suas
necessidades ou seus conceitos, nem suas dores e já que a
palavra humana é como um caldeirão rachado, no qual ba-
temos melodias próprias para fazer dançar os ursos quando
desejaríamos enternecer as estrelas (p. 206).

Talvez, como diz Flaubert, não possamos exprimir-nos exatamente por meio das palavras, porque não há na verdade, aquém ou
além das palavras, o que exprimir. Não há o que seja mais humano,

Sérgio Scotti

como diz Lacan[10], do que aquilo que está nessa hiância entre uma palavra e outra, nessas estruturas de oposição que constituem o significante.

E é dessa hiância, desse vazio, que a histérica nada quer saber. Vazio, buraco representado pela castração, que, por sua vez, é representada para Madame Bovary por seu marido, Charles, de quem ela quer afastar-se o máximo possível, fugindo com Rodolphe.

Já dissemos que a histeria, tanto quanto "neurose de base", muito se aproxima também do drama característico das mulheres, que é o de enfrentar-se com a tarefa de tornar-se mulheres a partir do mesmo significante da sexuação dos homens, que é o falo.

Então, se a histeria encarna, por um lado, a imagem do desejo, que, ao final das contas, é o que caracteriza o humano, ela encarna, por outro lado, também o drama do feminino, que, para fazer-se tal, necessita do significante fálico, próprio do masculino.

Mais especificamente, pela ausência do falo na mulher é que esta o desejará ainda mais que o homem, como nos diz Lacan[11].

Mas, ao arriscar-se no jogo do gozo fálico é que a mulher encontrará seu gozo próprio. No entanto, a histérica, recusando-se ao gozo fálico, não encontra o caminho que poderia levá-la mais perto de seu ser mulher. A histérica mantém no horizonte a plenitude de ser o próprio falo. E desejando ser o próprio falo é que ela se perde no caminho do tornar-se mulher, para, muitas vezes, fazer-se parecer o homem com quem se acaba identificando, já que é a única maneira que lhe resta de cercar a mulher. Se, para o sujeito histérico, o mundo se divide entre castrados e não-castrados, a mulher histérica buscará colocar-se do lado dos que detêm o falo pelo artifício de parecer o próprio falo, mesmo que de saias.

É assim que Madame Bovary, identificada ao próprio amante e de modo quase perverso, irá desafiar o mundo, mostrando-se cada

---

10. LACAN, J., *Seminário VII – A ética da psicanálise*, Rio de Janeiro, Jorge Zahar Editor, 1991, p. 150.

11. LACAN, J., *Seminário IV – A relação de objeto*, Rio de Janeiro, Jorge Zahar Editor, 1995, p. 70.

A ESTRUTURA DA HISTERIA em Madame Bovary

vez menos pudica, sem as restrições que a moral masculina dominante impõe às mulheres:

Seus hábitos amorosos fizeram com que a Sra. Bovary mudasse logo suas maneiras. Seus olhares tornaram-se mais ousados, seu falar mais livre; cometeu mesmo a inconveniência de passear com o Sr. Rodolphe com um cigarro na boca, como se quisesse escarnecer do mundo; *enfim, os que duvidavam não duvidaram mais quando a viram, um dia, descer da* Hirondelle *com o corpo apertado num colete à moda masculina; ... (p. 206).*

Dissemos *de um modo quase perverso,* pois Madame Bovary, enquanto neurótica, acaba por ceder aos apelos do marido, incitado pela mãe, que, ao observar as maneiras e o modo como aquela conduzia a casa, se desentendeu com a nora. Depois da briga, Madame Bovary desculpa-se:

— Desculpe-me senhora (p. 207),

disse à mãe Bovary, que estava de visita em sua casa.

E a situação insustentável de Emma, em sua própria casa, acaba servindo de pretexto para que proponha a fuga a Rodolphe:

E pôs-se a contar tudo, apressadamente, sem nexo, exagerando os fatos, inventando vários deles...
— Mas são quatro anos que tenho paciência e que sofro!...
Um amor como o nosso deveria ser confessado publicamente! Eles estão me torturando. Não agüento mais! Salva-me!...
— Leva-me embora! exclamou ela. Rapta-me...! Oh! suplico-te!...
— E tua filha?
Ela refletiu por alguns minutos, depois respondeu:
— Nós a levaremos, paciência! (p. 208).

Sérgio Scotti

Do que Madame Bovary queria fugir na verdade? Seria do seu marido, de Yonville, de sua vida provinciana? Ou seria de si mesma? Pode parecer um lugar comum, mas, em última análise, é do comum mesmo que Emma Bovary quer fugir. É do comum de seu casamento, de sua vida, que ela quer escapulir. É do comum de si mesma que ela foge. Madame Bovary deseja algo de extraordinário, pleno, fora do comum. Já não é suficiente ter amante. Ela quer mais: ela quer viver um sonho com seu amor, em um país distante:

> ... lá que se deteriam para viver: morariam numa casa baixa de telhado reto, sombreado por uma palmeira, no fundo de um golfo, à beira mar. Passeariam de gôndola, balançar-se-iam numa rede; e suas existências seriam fáceis e largas como suas roupas de seda, cálidas e estreladas como as noites doces que contemplariam. Todavia na imensidão daquele porvir que ela fazia desfilar, não surgia nada de particular: os dias, todos magníficos, assemelhavam-se como ondas; e tudo aquilo balançava-se no horizonte infinito, harmonioso azulado e coberto de sol... (p. 210).

A partir do momento em que a fuga com Rodolphe se tornava mais real para ela, sua existência tornou-se mais fácil. O vislumbre da plenitude e a possibilidade da realização de seu sonho tornaram-na mais afável e bela:

> Nos dias seguintes, a mãe Bovary sentiu-se muito surpresa com a metamorfose de sua nora (p. 208).
> Nunca a senhora fora tão bela quanto naquela época; possuía aquela indefinível beleza que resulta da alegria, do entusiasmo, do sucesso e que é apenas a harmonia do temperamento com as circunstâncias... (p. 209).

Houve uma série de adiamentos causados por Rodolphe:

A ESTRUTURA DA HISTERIA em Madame Bovary

Ele quis ter ainda duas semanas de tempo para terminar algumas disposições; ao final de oito dias, pediu mais quinze pois declarou estar doente; em seguida, fez uma viagem; o mês de agosto passou e após todo aquele atraso, decidiram que seria irrevogavelmente no dia 4 de setembro, uma segunda-feira (p. 212).

Como se vê, Rodolphe não estava muito entusiasmado com a idéia. Emma Bovary, entretanto, procurava animá-lo:

... Tu és tudo para mim. Assim, serei tudo para ti, serei para ti uma família, uma pátria: cuidarei de ti, amar-te-ei (p. 212). ... Não há deserto, não há precipício nem oceano que eu não atravessaria contigo. À medida que vivermos juntos, será como um abraço cada dia mais apertado, mais completo! Nada haverá que nos perturbe, nenhuma preocupação, nenhum obstáculo! Estaremos sós, um para o outro, eternamente...
— Rodolphe! Rodolphe!... Ah! Rodolphe, caro pequeno Rodolphe! (p. 213).

Haverá melhor descrição do que essa sobre aquilo que é ser o falo para o Outro?

Primeiro, Rodolphe é tudo para ela, mas, ao mesmo tempo, ela também é tudo para ele. Eles se completam em um abraço cada vez mais apertado! Que imagem! Eles serão um só, inseparáveis, invencíveis e totalmente auto-suficientes para sempre. Quem será Rodolphe? Quem será Emma?

Que melhor forma de esquecer-se de si, de suas falhas, do que se perder no Outro?

No amor paixão, no sintoma de Madame Bovary, anulam-se as diferenças, anula-se a separação do Outro em um abraço cada dia mais apertado, em que não há perda nem sofrimento. Há somente um gozo perpétuo sem perturbação nem obstáculos: o gozo absolu-

Sérgio Scotti

to, o gozo de ser o falo do Outro, que assim se torna o Outro completo, sem falta, de quem se é parte ao mesmo tempo, sem falta, em que não mais se deseja o Outro, porque se *é* o Outro.

Veja-se que, nessa fantasia de Madame Bovary, se transforma a realidade: tanto a realidade mais imediata quanto a realidade futura, na qual ela projeta seu sonho:

> *... e em tudo aquilo nunca se falava de sua filha. Rodolphe evitava falar dela, e talvez Emma não pensasse no assunto (p. 211).*

Compreende-se. No fantasma de Madame Bovary, que se insere em sua fantasia[12], não há lugar para mais ninguém além dela (o falo) e Rodolphe (o Outro), ou seja, sua filha não se encaixa no fantasma que dita seu comportamento, o qual, como vemos, desconsidera esse pequeno detalhe. É como se Madame Bovary estivesse de tal forma imersa em sua fantasia que sua filha, esse pequeno pedaço de realidade, fizesse o papel de um ponto cego que, de qualquer forma, não passaria despercebido por Rodolphe:

> *— Pois afinal, exclamava gesticulando, não posso expatriar-me, ter o encargo de uma criança.*
> *Dizia tais coisas a si mesmo para manter-se ainda mais firme.*
> *— E além disso, as dificuldades, as despesas... Ah! Não, não, mil vezes não! Teria sido estúpido demais! (p. 214).*

Observemos que temos percorrido um caminho no qual, de início, Rodolphe aparecia a Emma como o falo, o amante que remediaria sua falta. Depois, já não bastando a Madame Bovary *ter* o falo, Rodolphe, enquanto objeto de desejo, cria nova falta em Madame

---

12. "Cuando señalamos que para Freud el sueño diurno, aunque consciente, no es ajeno al fantasma, estamos puntualizando que el hecho de ser consciente no implica de ninguna manera una diferencia de estructura con lo fantasmático. El fantasma, de por sí, se da como inserto en la fantasía..." (HARARI, R., *Fantasma: fin del analisis?*, Buenos Aires, Nueva Visión, 1990, p. 50).

A ESTRUTURA DA HISTERIA em Madame Bovary

Bovary, que somente pode ser remediada *sendo* ela mesma o falo de Rodolphe, que é alçado ao lugar do Outro.

Nesse percurso, em que a histérica busca anular a distância entre o desejo e o gozo, é inexoravelmente sempre ao desejo que ela acaba por ser reenviada. Caso a fuga se realizasse, certamente, em sua nova condição, Madame Bovary permaneceria insatisfeita, desejando outra coisa. Mas Rodolphe não lhe dará essa oportunidade. O mestre de Madame Bovary falhará novamente, de forma fragorosa.

Emma havia comprado de Lheureux, comerciante astuto e inescrupoloso, roupas e malas para a viagem. Lheureux, percebendo que poderia tirar vantagem do "caso" de Madame Bovary, já lhe havia facilitado a compra de vários objetos, entre eles os presentes para Rodolphe, começando, assim, a enredá-la em uma série de dívidas que acabará por levar, a ela e a Charles, à ruína.

No entanto, Emma, para sua infelicidade, não poderá usufruir de suas aquisições.

O fantasma de Madame Bovary, que a torna cega para a existência de sua filha, também a cegou para o fato de que não poderia contar com Rodolphe para a realização de seu sonho de amor.

Aqui, novamente, nos perguntamos: como Madame Bovary pode enganar-se tanto em relação a Rodolphe? Como pode ela acreditar que ele quisesse, realmente, segui-la em seu plano de fuga?

De novo, a resposta está no fato de que, na verdade, não era propriamente a Rodolphe que se dirigiam as esperanças de Emma Bovary. Para entendermos o que se passa com a personagem de Flaubert, não nos podemos ater somente à trama que se desenvolve no romance. Temos de estar atentos à estrutura fantasmática, que, subjacente à trama, determina o comportamento de nossa heroína. E a estrutura que encontramos é a estrutura da histeria.

Tal como o analista que coloca sua escuta na direção da linguagem do inconsciente, tentamos fazer nossa leitura do romance na direção daquilo que ele nos ilustra sobre a linguagem da estrutura histérica, que poderá, então, dar novo sentido à trama, justamente naquilo que ela expressa um sem-sentido.

Sérgio Scotti

Seria totalmente sem sentido acreditar que o amor de Rodolphe pudesse ser tão arrebatador a ponto de que realmente seguisse Emma em seus sonhos de uma vida de eterna paixão e felicidade. Pelo contrário:

... percebeu naquele amor a possibilidade de explorar outros gozos. Julgou todo pudor como algo incômodo. Tratou-a sem cerimônia. Fez dela algo de maleável e de corrompido. Era uma espécie de afeto idiota cheio de admiração para ele... (p. 206).

Apesar de Emma haver percebido o lodo em que se metera, antes de tentar recolocar Charles no lugar do mestre –

Não tinha mais, como outrora, aquelas palavras tão doces que a faziam chorar nem aquelas veementes carícias que a enlouqueciam; de forma que o grande amor de ambos, em que ela vivia mergulhada, parecia diminuir como a água de um rio que era absorvida em seu próprio leito, e ela percebeu o lodo. Não quis acreditar; duplicou a ternura e Rodolphe escondia cada vez menos sua indiferença (p. 186) –,

ela, mesmo assim, após o fracasso de Charles na operação de Hipollyte, talvez por falta de outra alternativa, lançou-se no lodo, poderíamos dizer, até se atolar e não ver mais que se tratava de mera aventura para Rodolphe, que não deixava de demonstrar-lhe, por atos e palavras, sua falta de determinação:

"— Ainda é tempo! exclamou ele. Reflete, podes arrepender-te talvez" (p. 213).

Contudo, para Emma tratava-se do Outro de quem ela seria o falo para o resto da vida. Mas Rodolphe era também o conquistador *bon vivant,* por quem Madame Bovary se deixou seduzir e enganar,

A ESTRUTURA DA HISTERIA em Madame Bovary

pois se enganava a si mesma, embora, mesmo com esse engano, não pudesse evitar sentir seu vazio, sua falta:

> —*Sim, será bom viajar... Contudo, por que meu coração está triste? Será a apreensão diante do desconhecido... o efeito do abandono dos hábitos... ou então...? Não, é o excesso de felicidade! Como sou fraca, não é? Perdoa-me! (p. 213).*

O coração de Madame Bovary está triste, mesmo diante da "felicidade", porque o desconhecido é justamente aquilo que ela quer desconhecer, sua castração e também a de Rodolphe. Sim, pois, além disso tudo, existe o fato de que Rodolphe tem sobre si a responsabilidade de realizar os sonhos de felicidade de Emma.

É aí que o mestre falha e estava destinado a falhar desde o começo, já que, enquanto simples amante, não poderia dar a Emma a completude que ela esperava fosse eterna. O próprio Rodolphe reconhece isso sabiamente em sua carta de despedida, na qual tenta explicar a Madame Bovary as razões de sua desistência:

> *"Não a esquecerei, acredite realmente, e terei sempre para com você um devotamento profundo; mas um dia, cedo ou tarde, este ardor (é este o destino das coisas humanas) teria diminuído sem dúvida! Teríamos sentido cansaço e quem sabe mesmo se eu não teria tido a dor atroz de assistir aos seus remorsos e deles eu mesmo participar, visto que os teria causado. Só a idéia dos desgostos que a afligem já me tortura, Emma! Esqueça-me!..." (p. 216).*
>
> *"Estarei longe quando você ler estas tristes linhas..." (p. 217).*

Rodolphe reconhece o que Madame Bovary se esforçava para não perceber: que ele não poderia se manter no lugar do mestre, esse lugar que é um lugar impossível por si mesmo, um impossível, criado pela histérica que tenta, assim, não reconhecer o impossível da relação sexual sem falha que é a outra face da castração. Rodolphe

Sérgio Scotti

foge diante do impossível criado por Madame Bovary. Foge antes de ser tragado por esse impossível, antes de, como prevê em sua carta, a própria insustentabilidade de sua posição se revelasse, antes que se revelasse para ele e para Emma sua própria falta-em-ser, encoberta, até então, por sua proposta perversa de um gozo contínuo sem a mediação de qualquer fantasia e pela idealização de Emma.

Quando Madame Bovary estende o limite desse gozo, quando a condição de amante já não lhe é suficiente e sua vida com Charles lhe parece um estorvo intransponível, é aí que Rodolphe se mostra incapaz de continuar sustentando o lugar que Emma lhe designou em sua fantasia como aquele ser que, juntando-se a ela, também faria dela um ser sem falta. Em um futuro que Emma imaginava repleto de encanto e plenitude, Rodolphe via, com frieza, o destino reservado àqueles que ousam desafiar a lei.

> *"... Mas esta exaltação deliciosa que faz, ao mesmo tempo, seu encanto e seu tormento, impediu-a de compreender, adorável mulher que você é a falsidade de nossa posição futura...*
>
> *O mundo é cruel, Emma. Onde quer que estivéssemos ele nos teria perseguido. Você teria de suportar perguntas indiscretas, a calúnia, o desdém, o ultraje talvez..." (p. 217).*

No entanto, a lei que Rodolphe verdadeiramente não pode evitar é a lei da castração, que se impõe para ele quando, mais do que um gozo adúltero de amantes, Emma Bovary lhe propõe, no futuro, um gozo mais além, um gozo absoluto, que só poderia ser sustentado caso Rodolphe assumisse o lugar do pai-ideal, que, completado pelo falo-Emma, afrontaria o mundo e seus limites.

Porém, o próprio lugar de pai supõe a castração, supõe mesmo a morte do pai, pai que, imaginariamente morto pela ação da fantasia do incesto, se eleva à condição de representante da lei da castração. Como poderia Rodolphe sustentar esse lugar se, nele, Madame Bovary buscava um gozo até mesmo além da lei?

A ESTRUTURA DA HISTERIA em Madame Bovary

Como assinalamos anteriormente, o que está fora-da-lei pressupõe a própria lei[13]. Daí que o sonho de Madame Bovary encontra seu limite naquilo mesmo que ele tenta ultrapassar. E é paradoxal, até mesmo irônico, que Rodolphe, o qual, de início, sustentava um discurso perverso, venha lembrar a Madame Bovary o limite da lei. Isso vem apenas confirmar que o fora-da-lei só existe às custas da própria lei.

Mas o real da falta que Madame Bovary buscava evitar, na projeção de seu amor idílico, revela-se, na carta que em suas mãos chegara, por intermédio de um mensageiro de Rodolphe, no fundo de um cesto de damascos:

> — *Se ela pedir notícias minhas, disse, responderás que eu saí de viagem. É preciso entregar o cesto em suas próprias mãos... (p. 218).*

Ela se refugia no sótão da casa para ficar a sós:

> *Ela apoiara-se no vão da mansarda e relia a carta com risadas de cólera... (p. 219).*

Enquanto lia e relia a carta, Madame Bovary, diante da falta escrita, a falta preto no branco, desejou não mais estar neste mundo e pensou no suicídio para livrar-se de si mesma e de sua infelicidade:

> *... Por que não acabar com tudo? Sim quem a retinha? Era livre. E deu um passo à frente, olhou as lajes dizendo a si mesma:*
> — *Vamos! Vamos! (p. 219).*

Freud dizia, em *Psicogênese de um caso de homossexualidade feminina* (1920), que

---

13. LACAN, J., *Seminário VII – A ética da psicanálise*, Rio de Janeiro, Jorge Zahar Editor, 1991, p. 106.

Sérgio Scotti

... quizá nadie encuentra la energía psíquica necesaria para matarse si no mata simultáneamente a un objeto con el qual se ha identificado, volviendo así contra sí mesmo un deseo de muerte orientado hacia distinta persona...[14].

Talvez por isso, quando pensava em matar-se,

... Ela o revia, ouvia-o, rodeava-o com seus braços; e as batidas de seu coração que a atingiam sob o peito como grandes marradas, aceleravam-se uma depois da outra, a intervalos regulares. Lançava olhares ao redor de si desejando que a terra desabasse... (p. 219).

Mas alguma coisa retém Madame Bovary, quando ela ouve a voz de seu marido:

— Emma! Emma! gritou Charles (p. 220).

Charles, contudo, não pode evitar que Emma desfaleça e, de certo modo, venha a morrer em um desmaio, que, pelo menos momentaneamente, a tira do mundo em que ela desejaria não mais estar, quando percebe Rodolphe passar:

De repente, um tílburi azul passou a trote rápido na praça. Emma deu um grito e caiu hirta, de costas, no chão (p. 221).

Tentaram reanimá-la, mas Emma recusa-se a retornar para este mundo sem Rodolphe:

---

14. FREUD, S., *Obras Completas, op. cit.*, v. 3, p. 2555. "... talvez ninguém encontre a energia necessária para matar-se se não mata simultaneamente a um objeto com o qual se tenha identificado, dirigindo assim contra si mesmo um desejo de morte orientado a outra pessoa..." (a tradução é nossa).

A ESTRUTURA DA HISTERIA em Madame Bovary

— Fala conosco! dizia Charles, fala conosco! Restabelece-te! Sou eu, o teu Charles que te ama! Tu me reconheces? Olha, aqui está tua filhinha: beija-a, vamos! A criança avançava os braços para a mãe para pendurar-se a seu pescoço. Mas, virando a cabeça, Emma disse com voz irregular:
— Não, não... ninguém!
E desmaiou novamente. Foi levada para a cama (p. 221).

Por um momento, Madame Bovary retorna para o mundo, onde somente uma coisa ainda lhe interessa:

— E a carta? E a carta?
Pensou-se que delirava; ela delirou de fato a partir da meia-noite; declarara-se uma febre cerebral (p. 223).

Mas, como nada mais restava, além de Charles a seu lado, Madame Bovary entregou-se:

Durante quarenta e três dias Charles não se afastou. Abandonou todos os seus doentes; não se deitava mais, tomava-lhe continuamente o pulso, colocava-lhe sinapismos, compressas de água fria... O que mais o assustava era o abatimento de Emma, pois ela não falava, não ouvia nada e parecia mesmo não sofrer, como se seu corpo e sua alma descansassem juntos de todas as suas agitações (p. 223).

Quando ela parecia melhorar, seu corpo manifestava-se ainda como se quisesse expelir toda a dor que guardara pela perda de seu amor:

Teve uma vertigem e à noite sua doença recomeçou, com um ritmo mais incerto, é verdade, e com características mais complexas. Ora tinha dores no coração, depois no peito, no cérebro, nos membros; e teve vômitos em que Charles julgou perceber os primeiros sintomas de um câncer (p. 224).

Sérgio Scotti

Para complicar ainda mais as coisas, as despesas com os medicamentos, somadas aos gastos que Emma vinha fazendo, colocaram Charles em situação financeira delicada:

> *E, além disso, o pobre rapaz tinha dificuldades financeiras!*
> *(p. 224).*
> *... o Sr. Lheureux, sobretudo, importunava-o. De fato, no pior momento da doença de Emma, aproveitando a circunstância para exagerar a fatura, ele trouxera rapidamente a capa, a maleta de mão, duas caixas em lugar de uma e mais uma quantidade de outras coisas. Em vão lhe disse Charles que não precisava daquelas coisas,... Bovary acabou por assinar uma promissória com o prazo de seis meses... (pp. 224-225).*

Como veremos mais adiante, o dinheiro, ou melhor, a falta dele, virá a ocupar um papel crucial no desfecho da história.

Mas falávamos há pouco do pai morto, do pai odiado, que, no Édipo, enquanto obstáculo para se alcançar a mãe, acaba por ser morto na fantasia. Porém, como pai também amado, ressurge de sua morte imaginária como pai simbólico, ao qual o sujeito se identifica. Esse pai simbólico, desencarnado de seus atributos imaginários, se torna o representante da lei que proíbe o incesto.

A referência ao mito freudiano do pai da horda primitiva é inevitável, em *Totem e Tabu* (1912-1913), quando Freud desenvolve seu mito do pai primitivo, dono de todas as mulheres, que é morto e canibalisticamente devorado pelos próprios filhos, que, por sua vez, acabam se auto-impondo a proibição do incesto; ele está lançando as bases para a compreensão feita depois por Lacan[15], do papel do pai simbólico ou do Nome-do-Pai.

Esse Nome-do-Pai é, simbolicamente, o pai ambivalentemente amado e odiado no complexo de Édipo. Ele é o que representa a lei,

---

15. LACAN, J., D'une question prèliminaire à tout traitement possible de la psychose, *in Ècrits*, Paris, Ed. Seuil, 1966, pp. 556, 557, 579.

A ESTRUTURA DA HISTERIA em Madame Bovary

a proibição do incesto, a proibição de se unir à mãe. No mito de Freud, esse pai retornará na figura do animal totêmico intocado e, ao mesmo tempo, devorado em situações ritualísticas. Mas esse pai simbólico também é uma lembrança da mãe, pois, se considerarmos que a lei, se existe, é para proibir algo que se deseja. Além disso, o pai, enquanto metáfora da mãe, a substitui enquanto objeto de desejo por objeto de identificação.

No caso da histeria, como vimos, essa substituição, que é defeituosamente realizada, se acaba conformando como substituição metonímica que deve sempre ser refeita na forma do pai idealizado, que imperfeitamente substitui a mãe.

Assim é que veremos, em *Madame Bovary*, essa substituição se realizando novamente.

Ressurgindo de sua morte, Madame Bovary também fará ressurgir o pai-ideal: primeiro na forma do Deus da religião e, depois, em outro amor que ressurgirá do passado.

O renascimento da paixão de Madame Bovary

Freud[1] dizia que aquilo que não podemos continuar amando, nós nos tornamos, ou seja, tornamo-nos aquilo que perdemos como objeto de amor. A demanda recusada pelo objeto de amor forma um traço no eu, fruto da identificação com aquilo que gostaríamos de continuar amando. Sempre existe uma perda nisso, a perda de um objeto que é recuperado, poderíamos dizer, pela identificação com tal objeto ou um traço dele[2]. No caso da histeria, como já vimos, existiria uma falha na identificação narcísica à mãe. Essa falha, como também já vimos, se trata de recuperar no nível simbólico, pela identificação ao pai-ideal.

Contudo, poderíamos entender também a questão histérica por outro prisma. A histérica recusa-se a aceitar perdas. Recusa-se a per-

---

1. FREUD, S. *Obras Completas — El "Yo" y el "Ello"*, trad. Lopez-Ballesteros y de Torres, Madrid, Biblioteca Nueva, 1973, v. 3, pp. 2710- 2711.

2. MILLOT, C., *NOBODADDY a histeria no século*, Rio de Janeiro, Jorge Zahar Editor, 1989, pp0. 30-31.

A ESTRUTURA DA HISTERIA em Madame Bovary

der seus objetos de amor, o que, portanto, determinará uma falha no desenvolvimento do processo identificatório.

A propalada divisão do sujeito histérico[3], que sempre encontra, alienado no Outro, o seu desejo, ganha sentido quando vemos que esse Outro nunca se afasta suficientemente para que o histérico reconheça seu próprio desejo. Em outras palavras, o gozo de ser o falo do Outro, buscado pelo sujeito histérico, não lhe permite estabelecer a distância necessária para que experimente seu desejo como próprio, pois tal desejo, confundido com o do Outro, nunca realiza uma emancipação, que seria fruto de uma separação desse Outro. Na histeria, essa separação ocorre, é verdade, pela ação da metáfora paterna. No entanto, trata-se de uma separação defeituosa, que sempre deve ser refeita por um pai-ideal, que sempre falha, pois sempre estará aquém da Coisa materna, que insistentemente se busca.

Todo esse desdobramento estrutural que viemos desenvolvendo durante o presente estudo e que parcialmente condensamos neste último parágrafo se explica, também, por essa recusa em perder o objeto amado.

Se é a assunção da perda do objeto que permite a construção do próprio eu, então a cada recusa de uma perda corresponderá uma falha na constituição desse eu. Essa questão está intimamente ligada à do ideal do eu. Esse *Ideal-Ich* representa o narcisismo perdido, que se busca recuperar, pelo viés do próprio eu, que, em si mesmo, representa a perda narcísica, pois se trata da marca no sujeito, da perda de um objeto amado, objeto no qual se investiu a libido anteriormente narcísica:

> *... Se ama a aquello que hemos sido y hemos dejado de ser o aquello que posee perfecciones de que carecemos. La fórmula correspondiente sería: es amado aquello que posee la perfección que falta al yo para llegar al ideal. Este caso complementario entraña una importancia especial para el*

---

3. COTTET, S., Penso onde não sou, sou onde não penso, *in Lacan*, organ. Gèrard Miller, Rio de Janeiro, Jorge Zahar Editor, 1989, p. 18.

Sérgio Scotti

neurótico, en el qual ha quedado empobrecido el yo *por las excesivas cargas de objeto e incapaz para alcanzar su ideal.*

El sujeto intentará entonces retornar al narcisismo, eligiendo conforme al tipo narcisista, un ideal sexual que posea las perfecciones que él no puede alcançar. Esta sería la curación por el amor...[4]*.*

Lacan demonstrou, em sua obra[5], que o eu, enquanto objeto basicamente imaginário, depende da relação do sujeito ao Outro, sujeito do desejo que deseja fundamentalmente por uma falta-em-ser. Essa falta de ser aparece mascarada por um eu que se crê, muitas vezes, auto-suficiente, mas que, na sua base mesma, sempre depende do Outro. A busca de um ideal-do-eu aparece, então, como outra face daquela falta que se busca preencher.

A contradição em que a histérica se vê metida é a de que o eu que lhe serviria de tampão para sua falta também lhe falta, na medida em que está dependente de um ideal sempre remetido ao Outro, na forma do objeto de amor. Por sua vez, o objeto de amor que não se quer perder, pois contém o ideal buscado, nunca estará assim perdido, para que, então, se incorpore ao eu. Não se quer perder o objeto por uma falta que somente poderia ser remediada justamente por essa perda. Dizemos *remediada* porque o objeto, na verdade, está para sempre perdido, como diz Lacan[6], já que, pela introdução do ser na linguagem, se perde esse mesmo ser e, ao mesmo tempo, o objeto, que só pode ser alcançado via significante, o que não é o

---

4. FREUD, S., *Introduccion al Narcisismo, op. cit.*, p. 2033. "... Se ama aquilo que fomos um dia e deixamos de ser ou aquilo que possui a perfeição de que carecemos. A fórmula correspondente seria: é amado aquilo que possui a perfeição que falta ao eu para chegar ao ideal. Este caso complementar entranha em si mesmo uma importância especial para o neurótico, o qual teve empobrecido o seu eu pelos excessivos investimentos de objetos e incapacitado para alcançar o seu ideal. O sujeito tentará então retornar ao narcisismo, elegendo, conforme ao tipo narcisista, um ideal sexual que possua a perfeição que ele não pode alcançar. Esta seria a cura pelo amor, ..." (a tradução é nossa).

5. LACAN, J., *Seminário I – Os escritos técnicos de Freud*, Rio de Janeiro, Jorge Zahar Editor, 1986, p. 164-167.

6. LACAN, J., *Seminário IV – A relação de objeto*, Rio de Janeiro, Jorge Zahar Editor, 1995, p. 13.

A ESTRUTURA DA HISTERIA em Madame Bovary

objeto mesmo. A coisa perde-se quando temos de nominá-la[7]. Surge daí, como vimos, a Coisa, investida pelo desejo dirigido à mãe, ao seio, ao falo perdido. Não estamos querendo dizer que a histérica não tenha um eu. É que a qualidade desse eu é a de um furo, um eu esvaziado, a começar pela falha da identificação narcísica à mãe. A identificação a esse objeto primordial acaba sendo a identificação ao seu desejo. Em última instância, o desejo é o desejo da mãe[8], o desejo do falo, que faz um furo no sujeito, na forma do eu, que, esfomeadamente, busca objetos para preencher uma falta que acaba sendo alimentada por esses mesmos objetos que sempre lhe escapam, justamente porque não é capaz de aceitar suas perdas, seu luto, o que significaria a castração.

A insatisfação da histérica é, ao mesmo tempo, conseqüência e causa de um desejo que se mantém insatisfeito, visando, assim, o gozo absoluto de ser o falo do Outro, da mãe. Esse gozo permanece no horizonte, já que, embora impedido pela ação da metáfora paterna, essa mesma metáfora falha quando seu representante é questionado. Abre-se, assim, o circuito metonímico para uma série infindável de substitutos.

O falo enquanto significante da falta aparecerá, então, no lugar do objeto perdido, como o objeto desejado pela histérica. Esse falo, ao mesmo tempo, ela desejará sê-lo para o Outro, que lhe aparece como ideal de si mesma.

Então, o que cura Madame Bovary da perda de Rodolphe é outro amor: a libido. Ela voltará a investir em outro objeto, depois de se fazer a si mesma, por algum tempo, esse mesmo objeto:

O inverno foi rude. A convalescência da Senhora foi longa...
Todas as suas idéias pareciam limitar-se ao cuidado de si
mesma. Permanecia na cama fazendo pequenas refeições,

---

7. JURANVILLE, A., *Lacan e a Filosofia*, Rio de Janeiro, Jorge Zahar Editor, 1987, p. 191.
8. LACAN, J., *Seminário XVII – O avesso da psicanálise*, Rio de Janeiro, Jorge Zahar Editor, 1992, p. 105.

Sérgio Scotti

chamava a criada para informar-se sobre suas tisanas ou para conversar... esperava quotidianamente, com uma espécie de ansiedade, o infalível retorno dos menores acontecimentos que, contudo, pouco lhe importavam. O mais considerável era, à noite, a chegada da Hirondelle... *(p. 226).*

Como vemos, no estilo próprio de Flaubert, que nos sugere idéias, sentimentos e intenções por meio da simples descrição de fatos, Emma, apesar de tudo, aguarda ansiosa o retorno de seu amor perdido.

Ele retornará, contudo, na forma do Deus salvador:

Um dia em que, no pior momento de sua doença, julgara-se agonizante, ela pedira a comunhão e, à medida que se faziam, no quarto, os preparativos para o sacramento, que se transformava em altar a cômoda entulhada de xaropes e que Félicité semeava o chão com flores de dálias, Emma sentia que algo de forte passava sobre ela, que a libertava de suas dores, de qualquer percepção, de qualquer sentimento... (pp. 226-227).

Aqui podemos perceber como, no seu paroxismo de dor, Madame Bovary acaba por experimentar um gozo no qual, pelo menos momentaneamente, se perde no Outro que se ama:

"... Sua carne menos pesada, não pensava mais, uma outra vida começava; pareceu-lhe que seu ser, elevando-se em direção a Deus, ia aniquilar-se naquele amor como o incenso queimado que se dissipa em vapor... e foi desfalecendo numa alegria celestial que ela avançou os lábios para aceitar o corpo do Salvador que se apresentava..." (p. 227).

A eroticidade dessa última cena perde-se na continuação de uma elevação espiritual que Madame Bovary acreditava manifestar-se em sua percepção alterada:

A ESTRUTURA DA HISTERIA em Madame Bovary

... As cortinas da alcova inchavam suavemente ao seu redor em forma de nuvens e os raios de dois círios que queimavam sobre a cômoda lhe pareceram glórias resplandecentes. Então, deixou recair a cabeça, julgando ouvir nos espaços o som das harpas seráficas e perceber num céu azul, sobre um trono de ouro, no meio dos santos segurando palmas verdes, Deus Pai brilhando em sua majestade e que com um sinal fazia descer para a terra anjos de asas de fogo para levá-la em seus braços (p. 227).

Ousamos dizer que tal visão era ditada pela fantasia, pelo desejo de que Rodolphe/Deus viesse buscá-la –

Aquela visão esplêndida permaneceu em sua memória como a coisa mais bela com que fosse possível sonhar; ... (p. 227) –,

embora procurasse convencer-se de que se tratava de um amor mais consistente, um amor que substituísse aquele outro, tão efêmero:

... Sua alma extenuada de orgulho, repousava enfim na humildade cristã; e, saboreando o prazer de ser fraca, Emma contemplava em si mesma a destruição da vontade que devia abrir uma larga porta às invasões da graça. Existiam pois, no lugar da ventura, felicidades maiores, um outro amor acima de todos os outros amores, sem intermitência nem fim e que cresceria eternamente! ... (p. 227).

O gozo que Emma procurava na religião deixava-se transparecer em atitudes que preocupavam o pároco da vila:

... Quis tornar-se uma santa. Comprou terços, usou amuletos; desejava ter no quarto, à cabeceira da cama, um relicário engastado de esmeraldas para beijá-lo todas as noites.

Sérgio Scotti

O pároco maravilhava-se com tais disposições embora achasse que a religião de Emma poderia, à força de fervor, acabar por tocar as raias da heresia e mesmo da extravagância... (p. 227).

Na verdade, era o amor por Rodolphe que ainda se insinuava, naquela beatitude:

Quanto à lembrança de Rodolphe, ela a colocara bem no fundo do coração; e lá permanecia mais solene e mais imóvel do que a múmia de um rei num subterrâneo... Quando se ajoelhava no genuflexório gótico, dirigia ao Senhor as mesmas palavras de suavidade que murmurava outrora ao amante nas efusões do adultério. Era para provocar a fé; mas nenhum deleite descia dos céus e ela levantava-se novamente, com os membros cansados, com um vago sentimento de um imenso logro (pp. 228-229).

Madame Bovary estava tão envolvida consigo mesma e com a religião que não percebia o amor de Justin, o enteado do farmacêutico Homais:

Emma, sem dúvida, não notava sua atitude pressurosa e silenciosa nem sua timidez. Não desconfiava de que o amor, que desaparecera de sua vida, palpitava lá, perto dela, sob aquela camisa de pano grosso, naquele coração de adolescente aberto às emanações de sua beleza... (p. 230).

Mas a religião não trouxe de volta, para Madame Bovary, o objeto de amor que ela esperava reencontrar. Então, ela se foi afastando de Deus como quem se afasta de um amante do qual se extraiu todo o amor que ele podia dar. Não era, enfim, o tipo de amor que ela desejava, embora ela o confundisse com a fé religiosa, como se esta pudesse substituí-lo:

A ESTRUTURA DA HISTERIA em Madame Bovary

... ela agora envolvia tudo com uma tal indiferença, tinha palavras tão afetuosas e olhares tão altivos, maneiras tão diferentes, que nela não se distinguia mais o egoísmo da caridade nem a corrupção da virtude... (p. 230).
... freqüentou a igreja com menor assiduidade com grande aprovação do boticário que lhe disse então amigavelmente:
— A senhora estava se tornando um tanto beata! (p. 230).

Foi Homais novamente quem propiciou a Madame Bovary a oportunidade de reencontrar o amor, a paixão. Mas, desta vez, não era Charles que ressurgiria no lugar do mestre, por obra de algum grande feito, e sim um amor do passado que retornará mais fortalecido, por obra das circunstâncias, de Charles e do desejo de Madame Bovary, que, apesar de tudo, não se extinguiu com o fervor religioso.

Homais, pensando em uma distração para Madame Bovary, sugere a Charles que a leve para ver a ópera, em Rouen, onde o tenor Lagardy se apresentava.

Imediatamente, pensando no restabelecimento da mulher, Charles convenceu Emma, que

... a princípio recusou, alegando o cansaço, o transtorno, a despesa; ... (p. 233),

mas acabaram por decidir-se: partiram para Rouen, e ela

... comprou um chapéu, luvas, um buquê... (p. 234).

Já no teatro, durante o transcorrer da ópera, *Lucia de Lammermoor*[9], Emma identifica-se com a história:

---

9. Ópera de G. Donizetti (1797-1848), baseada na novela *The bride of Lammermoor*, de Walter Scott e estreada em Nápoles em 1835 (nota do autor).

Sérgio Scotti

Ela via-se novamente nas leituras de sua juventude, em pleno Walter Scott... (p. 236).

... Reconhecia todos os arrebatamentos e as angústias que quase a haviam feito morrer. A voz da cantora parecia-lhe não ser mais do que o eco de sua própria consciência e aquela ilusão que a encantava não era mais do que algo de sua própria vida... (p. 237).

Madame Bovary, enquanto assiste à ópera, relembra sua vida e suas decepções:

... Emma pensava no dia de seu casamento; ... Estava alegre, pelo contrário, sem perceber o abismo no qual se precipitava... Ah! Se no frescor de sua beleza, antes da degradação do casamento e da desilusão do adultério, ela tivesse podido colocar sua vida em algum coração sólido, então com a virtude, a ternura, as volúpias e o dever confundindo-se como uma coisa só, ela nunca teria descido de uma tão alta felicidade (p. 238).

Madame Bovary ainda sonha com o mestre que viria preencher sua falta-em-ser, embora, por causa de suas desilusões, ela fosse presa de certo ceticismo:

... Porém, aquela felicidade, sem dúvida, era uma mentira imaginada para desespero de qualquer desejo. Conhecia agora a pequenez das paixões exageradas pela arte... (p. 238).

Entretanto, o ceticismo de Madame Bovary não será suficiente para impedir que, enlevada pela história e pela interpretação do cantor, veja nele a encarnação de seu desejo, a encarnação do falo:

... arrastada para o homem pela ilusão do personagem, procurou imaginar sua vida, aquela vida retumbante, extraordinária, esplên-

A ESTRUTURA DA HISTERIA em Madame Bovary

dida e que ela teria podido viver, todavia, se o acaso o tivesse desejado. Ter-se-iam conhecido, ter-se-iam amado! (p. 239).

A imaginação de Madame Bovary é arrastada de tal forma por seu desejo, que, no auge de sua excitação,

... uma repentina loucura apoderou-se dela: ele a estava olhando, tinha a certeza! Teve vontade de correr para seus braços para refugiar-se em sua força, como na encarnação do próprio amor e de dizer-lhe, de exclamar: 'Rapta-me, leva-me embora, vamos! Para ti, para ti! Todo o meu ardor e todos os meus sonhos! (p. 239).

Que necessidade de entrega, de perder-se na força do Outro, de ser raptada, levada pelo Outro! Que gozo, ser tudo para o Outro!

O gozo de ser, diferente do gozo fálico, não tem limites: é pleno, total. Contudo, para que ele ocorra, é preciso que o Outro exista. E para que ele exista é que a histérica se faz, em sua imaginação, o falo que o faz completo, que faz o Outro perfeito, sólido.

É por isso que um não pode existir sem o outro. A histérica não consegue imaginar seu gozo sem o Outro, que, ao mesmo tempo, não pode ser imaginado sem que ela lhe pertença totalmente. Daí que, ao ver o cantor em sua interpretação grandiloqüente –

... O namorado ultrajado brandia a espada nua: sua gola de guipura levantava-se a todo momento com os movimentos de seu peito e ele caminhava a grandes passos de um lado para outro batendo no chão as esporas douradas de suas botas flexíveis que se alargavam nos tornozelos. Ele devia ter, pensava ela, um inesgotável amor para derramá-lo em tão grandes eflúvios sobre a multidão... (p. 239) –,

Emma distorce a realidade a partir de seu desejo, recebendo de volta do cantor o seu próprio olhar, fascinado pelo Outro que

Sérgio Scotti

ele encarnava. E por ele ser o Outro naquele momento é que Madame Bovary queria jogar-se em seus braços, os braços da Coisa, inteira e completa. Lagardy era, naquele momento, simultaneamente, o falo desejado e o Outro sem falha, de quem Emma desejava ser o próprio falo. Por isso, ao mesmo tempo que o deseja enquanto falo, vê-se desejada por ele, em seu olhar, como o falo que o completaria.

Contudo, ao cair o pano, encerrando a cena, outro personagem virá rapidamente ocupar o lugar do cantor: um personagem da vida real de Madame Bovary, o qual, ressurgindo do passado, é trazido pelas próprias mãos de Charles. Léon Dupuis, o amor platônico de Madame Bovary dos primeiros tempos em Yonville, que havia partido para Paris a fim de terminar seus estudos em Direito, encontravase em Rouen:

> ... num bom cartório, a fim de adquirir prática nos processos que, na Normandia, eram diferentes dos de Paris... (p. 242).

Charles havia encontrado Léon quando fora buscar um refresco para Emma, que, a partir do momento em que o viu,

> ... a partir daquele momento ela não escutou mais; e o coro dos convidados, a cena de Ashton e de seu criado, o grande dueto em ré maior, tudo desfilou para ela muito longe; ... (p. 241).

As atenções de Emma voltavam-se, agora, para Léon e para seu passado com ele em Yonville:

> ... lembrava as partidas de cartas em casa do farmacêutico e o passeio à casa da ama, as leituras embaixo do caramanchão, as conversas a sós diante da lareira, todo aquele pobre amor tão calmo e tão prolongado, tão discreto, tão terno e que, todavia, ela esquecera... (p. 241).

A ESTRUTURA DA HISTERIA em Madame Bovary

A presença de Léon, naquele instante, já a fazia entediar-se da ópera, ainda mais depois que ele propôs que fossem tomar sorvetes, apesar dos protestos de Charles:

> — *Ah! Ainda não! Fiquemos! Disse Bovary. Ela está com os cabelos soltos: acho que vai ser trágico.*
> *Porém a cena da loucura não interessava a Emma e a atuação da cantora pareceu-lhe exagerada (p. 241).*

Parecia que todo o fascínio do cantor se havia transportado para a pessoa de Léon, e este, percebendo a oportunidade que se apresentava, elogiava o último ato da ópera, quando, então, Charles propôs que Emma continuasse sozinha em Rouen, pois ele tinha de partir para cuidar de seus doentes em Yonville:

> — *Tu voltarás no domingo. Vamos, decide-te! Enganas-te se não sentes quanto isto te faz bem (p. 242).*

A ingenuidade de Charles nos pareceria patética se não encobrisse uma atitude que apontamos desde a introdução. Charles parece-nos personificar aqueles homens que, em suas escolhas amorosas, inconscientemente, buscam encontrar a mulher decaída, adúltera, do fantasma edípico em que o menino, ao perceber o comércio sexual dos pais, vê na mãe a adúltera que o trai com o pai.

Assim é que Freud compreendia a atitude desses homens[10], que se envolvem com mulheres "perdidas", as quais buscam salvar, dando-lhes um filho, por exemplo.

Se Emma não era uma "decaída", Charles propiciou todas as circunstâncias para que ela se parecesse como tal. Até o fim, Charles, conscientemente, estará cego para o que todos vêem ocorrer entre Madame Bovary e seus amantes, até mesmo Lheureux, o comerciante inescrupuloso que se aproveitará disso para levá-la à ruína. Charles, ainda no último

---

10. FREUD, S., *Sobre un tipo especial de la eleccion de objeto en el hombre, op. cit.*, v. 2, p.1626.

Sérgio Scotti

instante, pouco antes de sua morte, quando encara Rodolphe e a verdade do adultério, não quer dar-se conta do que realmente sucedeu, colocando a culpa na "fatalidade" (ver excerto da p. 362). Mas deixemos o fim para o momento oportuno e voltemos à nossa heroína, iniciando nova aventura com Léon, que adquirira alguma experiência em Paris:

> ... O Sr. Léon freqüentara bastante a Chaumière[11] onde obteve mesmo agradáveis sucessos junto às alegres costureirinhas que viam nele um ar distinto... (p. 247).

Depois de seguir Charles e Emma para ver onde estavam hospedados, Léon, que estava resolvido a possuí-la –

> "... revendo-a após três anos de ausência, sua paixão renasceu. Era preciso, pensava, resolver-se enfim a querer possuí-la..." (p. 248) –,

vai procurá-la na hospedaria Croix Rouge, onde Emma, imperturbada, o recebe, para logo começar uma ladainha de queixas, que se inicia com a de que era mulher e, por isso, não deveria ter permanecido em Rouen quando outras exigências a solicitavam:

> — A senhora então decidiu ficar? acrescentou.
> — Sim, disse ela, e fiz mal. Não devemos acostumarmo-nos a prazeres impraticáveis quando se tem ao redor mil exigências...
> — Oh! Imagino...
> — Ora! Não, pois o senhor não é uma mulher (pp. 248-249).

---

11. La Grande Chaumière, antigo baile público de Paris fundado em 1787 em Montparnasse. Foi o local predileto dos estudantes na primeira metade do século XIX. Desapareceu em 1855 (nota do autor).

169

A ESTRUTURA DA HISTERIA em Madame Bovary

Aqui, parece-nos mesmo que há um padrão: da mesma forma que nos inícios da sedução de Rodolphe, Madame Bovary queixa-se da condição de mulher, que lhe desagrada. Nada disso nos surpreende, em se tratando de histérica que vê na condição da mulher a marca da castração.

Outro padrão que parece repetir-se é o de que, semelhantemente a Rodolphe, Léon utiliza, como estratégia de sedução, a exposição de sua infelicidade e de seus pesares, no que é acompanhado por Madame Bovary, que continua a desfiar suas queixas:

> — *Se soubesse, continuou ela, erguendo para o teto seus belos olhos de onde rolava uma lágrima, tudo o que eu sonhara!*
> — *E eu então! Oh! Sofri muito! Muitas vezes saía, ia embora, arrastava-me ao longo dos cais[12], atordoando-me com o barulho da multidão sem poder banir a obsessão que me perseguia. Há no bulevar, na loja de um vendedor de estampas, uma gravura italiana representando uma Musa. Está envolta numa túnica e olha a lua, com alguns miosótis nos cabelos soltos. Alguma coisa levava-me continuamente para lá; fiquei diante dela horas inteiras.*
> *Depois, com a voz trêmula:*
> — *Assemelhava-se um pouco com a senhora.*
> *A Sra. Bovary virou a cabeça para que ele não visse o irresistível sorriso que sentia aflorar nos lábios (p. 250).*

E, depois de muito se lastimarem, finalmente Léon se declara:

> — *Porque eu a amei muito! (p. 251).*

Ora, que melhor forma de seduzir do que se oferecendo como o castrado que pode ser reparado pelo amor-falo que o outro poderá

---

12. Via pública que costeia o rio Sena em Paris (nota do autor).

Sérgio Scotti

proporcionar? Tanto um quanto o outro se oferecem ao mesmo tempo, como necessitando do falo e como podendo ser o falo para o outro. Relembrando o passado, Léon e Emma preparam um futuro no qual, como dois histéricos que se complementam, um preenche o vazio do outro.

Diferentemente da relação com Rodolphe – que se apresentava, de início, como castrado para, depois, se revelar (o lobo em pele de cordeiro), como o Outro ao qual Madame Bovary, enquanto falo, bastava juntar-se à sua perfeição –, com Léon Emma será o falo em outra perspectiva: na da falta de Léon, da sua juventude, da sua timidez e inexperiência. Tais atributos dele, se são o signo da castração, são também os que demonstram a necessidade do falo/amor, com o qual Madame Bovary poderá preencher sua falta, o que a fascina profundamente:

> — *Pobre amigo! disse ela estendendo-lhe a mão (p. 252).*
> ... *Não mais se falavam; mas sentiam, ao se olharem, um zumbido em suas cabeças como se alguma coisa de sonoro tivesse escapado reciprocamente de suas pupilas fixas. Acabavam de juntar as mãos e o passado, o futuro, as reminiscências e os sonhos, tudo se confundia na doçura daquele êxtase... (p. 252).*

Então, encorajado pelo fascínio mútuo, Léon propõe que retomem seu romance precocemente interrompido:

> — *Quem nos impede então de recomeçar?...*
> — *Não, meu amigo, respondeu ela. Sou velha demais... o senhor é jovem demais... Esqueça-me! Outras o amarão... o senhor as amará!*
> — *Não como à senhora! exclamou ele.*
> — *Como o senhor é criança!...*
> *Estaria falando sério? Sem dúvida nem a própria Emma o sabia, totalmente ocupada com o encanto da sedução e com*

A ESTRUTURA DA HISTERIA em Madame Bovary

a necessidade de defender-se dela; e, contemplando o jovem com um olhar enternecido, ela repelia docemente as tímidas carícias que suas mãos frementes tentavam fazer-lhe.
— Ah! Perdão, disse ele recuando.
E Emma foi tomada de um vago terror diante daquela timidez, mais perigosa para ela do que a ousadia de Rodolphe quando avançava com os braços abertos. Jamais um homem lhe parecera tão belo... (pp. 253-254).

De tanto conversarem, perderam o início da ópera, e, então, Léon suplicou a Madame Bovary que pudesse vê-la ainda uma vez, antes que retornasse a Yonville. Marcaram um encontro para a manhã seguinte na catedral de Rouen.

Léon engraxou seus sapatos, perfumou-se e comprou um buquê de violetas:

... Era a primeira vez que comprava flores para uma mulher; e ao aspirá-las seu peito inchou de orgulho, como se aquela homenagem que destinava a outra pessoa estivesse recaindo sobre ele (pp. 255-256).

Quando se encontraram, Emma entregou-lhe uma carta, escrita na noite anterior, em que desistia do encontro:

— Leia! disse-lhe estendendo-lhe um papel... Oh! Não.
E bruscamente retirou a mão para entrar na capela da Virgem onde, ajoelhando-se contra uma cadeira, pôs-se a rezar.
O jovem irritou-se com aquela fantasia beata; ... (p. 257).

Novamente, Madame Bovary tenta refugiar-se na fé religiosa, que, da mesma maneira, a reconduz ao seu desejo:

Emma rezava, ou melhor, esforçava-se por rezar, esperando que lhe descesse do céu alguma resolução súbita; ... presta-

172

Sérgio Scotti

*va atenção ao silêncio da igreja que apenas aumentava o
tumulto de seu coração (p. 257).*

Tanto a fé quanto o amor, que ela cultiva com o mesmo fervor,
não são capazes de satisfazê-la. No entanto, não deixa de persegui-
los e, até mesmo, confundi-los, quando, na ausência de um, se com-
pensa com o outro. O amor de Léon não será capaz, igualmente, de
satisfazer Madame Bovary, que desenvolverá com ele uma relação
maníaca, na qual desesperadamente tentará, em vão, dissimular a
insatisfação decorrente da própria posição histérica diante do mestre: "Não era bem isso..."[13].

Mas isso não impede – e até faz parte mesmo da posição histérica – que, neste momento, Madame Bovary veja em Léon outra
promessa de mestria, de felicidade.

Entrementes, Léon não desiste de seu intento, apesar do acesso
religioso de Emma:

*... sentiu, contudo, um certo encanto ao vê-la durante o en-
contro assim perdida em orações como uma marquesa
andaluza; em seguida, não tardou a aborrecer-se, pois ela
não acabava nunca (p. 257).*

E não desistiu, mesmo diante da insistência do guia da catedral, que teimava em mostrar-lhes todo o acervo do templo:

*Mas Léon tirou rapidamente do bolso uma moeda de prata e
pegou o braço de Emma. O bedel permaneceu estupefato
sem compreender aquela generosidade intempestiva quando havia ainda tanta coisa a mostrar ao estranho... (p. 259).*

Léon, rapidamente, também mandou chamar um fiacre por um
menino, apesar dos protestos de Emma:

---

13. QUACKELBEEN, J., in *Histeria y obsesión*, Buenos Aires, Manantial, 1986, p. 99.

A ESTRUTURA DA HISTERIA em Madame Bovary

— Ah! Léon!... Realmente... não sei... se devo...
Ela fazia trejeitos. Depois com seriedade:
— É muito inconveniente, sabe?
— Em que sentido? replicou o escrevente. Isto se faz em Paris!
E aquela palavra, como um irresistível argumento, determinou-a (p. 260).

Dentro da carruagem, em um passeio vertiginoso e interminável por Rouen, Madame Bovary finalmente se entrega a Léon:

Desceu a rua Grand-Pont, atravessou a praça des Arts, o cais Napoléon, a Pont Neuf e deteve-se de repente diante da estátua de Pierre Corneille.
— Continue! disse uma voz que saía do interior. O carro partiu novamente e, deixando-se levar pelo declive a partir da encruzilhada Lafayette, entrou a galope pela estação da estrada de ferro.
— Não, em frente! gritou a mesma voz...
Ela foi andando ao longo do rio... pelos lados de Oyssel, ...
... lançou-se com um salto através de Quatremares, Sotteville, a Grande-Chaussée, a rua d'Elbeuf e parou pela terceira vez diante do Jardin de Plantes.
— Vá em frente! exclamou a voz com ainda maior fúria.
... passou por Saint Sever, pelo cais dos Curandiers, pelos cais dos Meules, mais uma vez pela ponte...
... com os estores fechados e que aparecia assim continuamente, mais fechada do que um túmulo e sacudida como um navio (pp. 260-261).

Com o risco de parecermos monótonos, devemos destacar, mais uma vez, que o lugar do mestre que vem a ser ocupado agora por Léon lança Charles, de novo, no lugar do objeto odiado e desprezível, no lugar criado pela decepção da histérica com sua mãe castra-

Sérgio Scotti

da, não-doadora do falo, que lhe falta. A falta do falo, a castração que a todo custo Madame Bovary quer evitar, ela a deixa recair sobre a figura de Charles:

... Ele lhe parecia insignificante, fraco, nulo, enfim, um pobre homem sob todos os pontos de vista (pp. 267-268).

Mas o que é monótono, o que se repete, é a estrutura.é a estrutura da histeria, a estrutura do sujeito histérico que, diante da castração, diante do horror da castração, que lhe é imposta pelo discurso da mãe, cria a ilusão da Coisa (materna) sem falta, que ele buscará por meio do questionamento da lei, lei que está no próprio discurso da mãe[14] e que representa o Nome-do-Pai.

Esse questionamento será feito, então, na forma da idealização do pai, do mestre que sempre falha e que proporciona, assim, o vislumbre de alcançar a Coisa, que é sempre remetida para um mais além pela insatisfação, pelo "Não era bem isso...". Tal insatisfação, se é gozo para a histérica, também é defesa contra o gozo do Outro, contra a entrega de seu ser para o Outro, que seria a desintegração, a loucura[15].

No entanto, é na direção do Outro que a histérica deve ir, pois é nele que ela busca encontrar seu ser. E é por essa questão, por essa questão do seu ser, que a histérica está totalmente tomada no contexto privilegiado do amor. Ser *para* o Outro é a única coisa que verdadeiramente lhe interessa, submetendo todos os outros aspectos da vida a essa questão.

É bom, de quando em quando, relembrarmos que estamos tratando de uma estrutura, para que compreendamos e não julguemos a atitude de Madame Bovary, que, sob o aspecto moral, como veremos em seguida, poderia ser bastante questionável.

Ela mentirá, enganará, e mesmo roubaria, se preciso fosse, para manter seu sonho de amor, no qual ela pode materializar seu ofereci-

---

14. DOR, J., *Introdução à leitura de Lacan*, Porto Alegre, Artes Médicas, 1989, pp. 85-87.
15. *Ibid.*, p. 94.

A ESTRUTURA DA HISTERIA em Madame Bovary

mento para o Outro, embora nunca o consiga, pela contradição interna de sua própria posição.

Presa nessa teia que ela mesma criou, Madame Bovary busca prender suas vítimas, que sempre lhe escapam. A única vítima que lhe sobrará será ela própria.

Assim é que, depois de sua orgia sobre rodas com Léon, ela retorna a Yonville, onde encontra Charles desconsolado com a morte de seu pai:

> — *Ah! Minha cara amiga...*
> *E inclinou-se suavemente para beijá-la. Mas, ao contato de seus lábios, a lembrança do outro penetrou-a; e ela passou a mão no rosto, estremecendo (p. 267).*

Emma pergunta sobre a idade do pai de Charles:

> — *Que idade tinha ele?*
> — *Cinqüenta e oito anos!*
> — *Ah!*
> *E foi tudo (p. 267).*

Na verdade, Madame Bovary não consegue compartilhar o luto de seu marido, já que está ainda envolta nas lembranças de seu amante. Além disso, Charles, com suas perguntas, reaviva mais aquelas lembranças:

> — *Divertiste-te bastante, ontem? perguntou.*
> — *Sim...*
> — *Oh! Como é bonito o teu buquê! disse, notando sobre a lareira as violetas de Léon.*
> — *Sim, disse ela com indiferença, é um buquê que comprei há pouco... de uma mendiga...*
> *Emma pensava que havia apenas quarenta e oito horas estavam juntos, longe do mundo, em completa embriaguez e não tendo olhos suficientes para se contemplarem... Teria*

176

Sérgio Scotti

desejado nada ouvir, nada ver, a fim de não perturbar o re-
colhimento de seu amor que, por mais que ela fizesse, ia-se
perdendo sob as sensações exteriores (pp. 268-269).

Como de costume, Lheureux, o comerciante rapina, aparece no momento de fragilidade:

> *Vinha oferecer seus préstimos,* tendo em vista a fatal cir-
> cunstância. *Emma respondeu que poderia abster-se deles. O*
> *negociante não se deu por vencido.*
> *— Mil desculpas, disse; desejaria ter uma conversa particu-*
> *lar (p. 269).*

Depois da conversa particular, Charles pede a Emma que cuide do assunto, pois não quer que sua mãe, estando presente, saiba da promissória que havia assinado. Lheureux e Emma ficam a sós:

> *Mas a senhora sabe perfeitamente! disse Lheureux. Eram os*
> *seus caprichos, as caixas de viagem...*
> *... Suspeitaria de alguma coisa? Ela permanecia perdida em*
> *todo tipo de apreensões. Finalmente, contudo, ele continuou:*
> *— Nós nos reconciliamos e eu venho propor-lhe ainda um*
> *arranjo (p. 270).*

O comerciante propõe que renovem a promissória. Também sugere que Madame Bovary convença seu marido a assinar uma procuração, para que ela possa

> *gerir e administrar seus negócios, fazer qualquer emprésti-*
> *mo, assinar e endossar todas as promissórias, pagar qual-*
> *quer soma, etc. (p. 271),*

afinal, segundo o comerciante, Charles já não devia ter preocupações, principalmente agora:

177

A ESTRUTURA DA HISTERIA em Madame Bovary

— E, mesmo seria melhor que ele descarregasse a responsabilidade sobre alguém, sobre a senhora por exemplo; com uma procuração seria fácil e então teríamos os nossos pequenos negócios... (p. 270).

Aproveitando a ocasião, traz-lhe, depois, alguns metros de fazenda para um vestido, após ter feito observações de entendido em moda:

— O que a senhora veste é bom para andar em casa. Precisa de outro para as visitas. Percebi isso ao entrar. Possuo um olhar americano (p. 270).

Logo depois que a mãe de Charles parte para sua casa, Madame Bovary apresenta a ele um modelo da procuração:

Charles perguntou-lhe ingenuamente de onde vinha aquele papel.
— Do Sr. Guillaumin.
E, com o maior sangue-frio do mundo, acrescentou:
— Não confio muito nele. Os notários têm tão má reputação! Seria talvez interessante consultar... Conhecemos apenas... Oh! Ninguém.
— A menos que Léon... replicou Charles, refletindo (p. 271).

Combinou-se, afinal, que Madame Bovary iria a Rouen consultar Léon. Ela lá ficou durante três dias.

Com a ajuda de Charles, Madame Bovary e Léon puderam desfrutar de verdadeira lua-de-mel no Hotel de Boulogne, onde ficavam trancados para só sair à tardinha, quando tomavam uma barca e iam jantar em uma ilha. Na volta de um desses jantares, o barqueiro relatava sobre outras pessoas que ele havia levado para aquele lugar:

Sérgio Scotti

... Havia um, sobretudo, um alto e belo homem de bigode pequeno, que era agradável e divertido! E diziam: 'Vamos, conta-nos alguma coisa... Adolphe... Dodolphe...' creio. Ela estremeceu.
— Estás te sentindo mal? perguntou Léon aproximando-se.
— Oh! Não é nada. Sem dúvida o frescor da noite (p. 273).

Madame Bovary não suportava separar-se de Léon, principalmente depois que ele foi visitá-la em Yonville:

Ele a viu sozinha, tarde da noite, atrás do jardim, no beco – no beco, como fizera com o outro! Caíra uma tempestade e eles conversavam debaixo de um guarda-chuva à luz dos relâmpagos.
A separação tornava-se intolerável (p. 275).

O vazio de Madame Bovary era de novo preenchido por repetidas aquisições encomendadas a Lheureux, pois, com a morte do pai de Charles e com a procuração, ela esperava receber dinheiro:

Assim, comprou para seu quarto um par de cortinas amarelas com largas listras de cujo bom preço lhe falara o Sr. Lheureux; sonhou com um tapete... Mandava chamá-lo vinte vezes por dia, ele logo largava seus negócios, sem permitir-se uma única queixa (p. 275).

Mas Madame Bovary logo arranja maneira de encontrar-se com Léon semanalmente. Manobrando a credulidade de Charles, fá-lo acreditar que ela necessita aperfeiçoar-se no piano:

Uma noite em que Charles a escutava, ela recomeçou quatro vezes o mesmo trecho exasperando-se continuamente enquanto, sem notar nenhuma diferença, ele exclamava:
— Bravo!... Muito bem! Não deves parar! Continua!

179

A ESTRUTURA DA HISTERIA em Madame Bovary

—Ah! Não! É horrível! Tenho os dedos enferrujados (p. 275).

Assim, Emma consegue a permissão de Charles para tomar aulas de piano em Rouen.

Aqui se reinicia, para Madame Bovary, um processo que havia ocorrido antes com Charles e Rodolphe. Ou, diríamos, a estrutura repete-se novamente, com algumas variações, que se devem às características do parceiro e às circunstâncias. Fenomenologicamente, podemos notar algumas diferenças, que podem ser atribuídas a fatores acidentais e/ou exteriores. Contudo, basicamente, a estrutura que se repete é a da busca de um ser que falta a Madame Bovary, e por meio do amor, por meio do ter, ela tenta preencher essa falta de ser.

Emma Bovary não se contenta com o amor adúltero por Léon: ela quer mais, ela quer coisas, muitas coisas, que ela irá adquirir no decorrer de seu romance, às custas de mais e mais promissórias, que, por fim, a levarão à ruína e ao suicídio.

O amor e o dinheiro, ou o ter que ele permite, alimentam-se um ao outro no afã de Madame Bovary pela felicidade. O amor exige de Madame Bovary que ela possua coisas que o excitam. As coisas, o luxo, excitam o amor de Madame Bovary, que necessita, então, de mais coisas e de cada vez mais amor. A insaciabilidade de Emma deve-se a que, por mais amor e coisas que ela tenha, nunca alcançará seu ideal de completude, uma completude que é o reverso da castração infligida pela linguagem, que nos remete sempre a outra palavra, aquela que poderia dizer do nosso desejo, que é justamente o que se instala nessa hiância entre uma palavra e outra, ou, melhor dizendo, entre um significante e outro.

A metáfora paterna, que colocaria um limite nessa busca desenfreada, falha na forma do pai-ideal, do mestre, que acaba em vias de ser escravizado ou sendo-o, efetivamente, pela histérica, que denuncia, assim, sua castração e impotência. Essa castração, na verdade, ela não a quer ver em si própria, e ela a evita às custas

Sérgio Scotti

do sintoma e, até mesmo, da própria morte, como veremos. Em Madame Bovary, os sintomas conversivos e a morte se assemelham. As somatizações de Emma levam-na aos desfalecimentos, que, mais ou menos prolongados, anunciam a morte definitiva. A tautologia faz-se necessária, já que as "doenças" de Madame Bovary são como que mortes parciais, em que ela se retira do mundo, para o qual morre quando nele não encontra a possibilidade de satisfação de seus desejos. Nessas mortes, apesar de tudo, como no sintoma, há um gozo: o gozo do fantasma de ser o falo do Outro, da completude. É a fantasia que se mantém e que mantém Madame Bovary viva entre suas mortes, mas será ela que a irá também conduzir à morte final.

No seu romance com Léon, Emma consegue, de forma mais total do que com Rodolphe, reinar sobre o amo, escravizando-o aos seus desejos e caprichos, como já o fizera tão completamente com Charles.

No entanto, a mais escravizada é a própria Madame Bovary, que, apesar de suas decepções e infelicidade, tenta fazer de seus encontros com Léon, por meio de mentiras e artimanhas, um mundo à parte, pleno e perfeito, que, aos poucos e inevitavelmente, irá mostrar suas imperfeições e mazelas:

> *Era na quinta-feira. Ela levantava-se e vestia-se silenciosamente para não acordar Charles, ...*
> *A* Hirondelle *partia a trote curto... (p. 277).*

E, quando se encontram no hotel,

> *Depois dos beijos, as palavras precipitavam-se. Contavam-se os pesares da semana, os pressentimentos, as inquietações pelas cartas; mas agora tudo estava esquecido e eles se olhavam frente a frente, com risos de volúpia e expressões de ternura (p. 279).*

A labilidade do humor de Madame Bovary cria em Léon uma espécie de fascinação, que o envolve e arrebata:

181

A ESTRUTURA DA HISTERIA em Madame Bovary

... Estavam tão completamente perdidos na posse mútua que se sentiam em sua própria casa como se lá tivessem de viver até a morte como dois eternos jovens esposos...

Pela diversidade de seu humor, alternadamente místico ou alegre, tagarela, taciturno, arrebatado, indolente, ela ia criando nele mil desejos, evocando instintos ou reminiscências. Era a apaixonada de todos os romances, a heroína de todos os dramas, o vago ela de todos os volumes de versos (pp. 280-281).

Na verdade, a fascinação é mútua, e a satisfação narcísica que Madame Bovary obtém do olhar de Léon é a mesma que obtinha de Rodolphe quando o chamava de "pobre menino":

Freqüentemente ao olhá-la, parecia-lhe que sua alma, escapando em direção a ela, derramava-se como uma onda sobre o contorno de sua cabeça e descia, arrastada na brancura de seu peito.

Sentava-se no chão, diante dela; e, com os cotovelos nos joelhos, olhava-a sorrindo e com a testa esticada.

Ela inclinava-se para ele e murmurava como sufocada de embriaguez:

— Oh! Não te mexas! Não fales! Olha-me! Sai de teus olhos alguma coisa tão doce, que me faz tanto bem!

Chamava-lhe criança:

— Criança, tu me amas? (p. 281).

Mas, se é no olhar de Léon que Madame Bovary se vê refletida e identificada ao vago *ela* de todos os romances e versos, é na falta, na falta do olhar de um cego mendigo que ela verá o símbolo da castração, da imperfeição, da feiúra:

Havia na encosta um pobre diabo que vagabundeava com seu bastão, em meio às diligências. Um monte de farrapos

Sérgio Scotti

cobria-lhe os ombros e um velho chapéu amarrotado e esburacado, arredondado em forma de bacia, escondia-lhe o rosto; porém quando o tirava descobria, em lugar das pálpebras, duas órbitas arrancadas e ensangüentadas (p. 282).

E justamente quando Emma se afastava de seu amor, de seu falo, quando tomava a *Hirondelle* para voltar a Yonville, a Charles, foi que o mendigo lhe apareceu:

Cantava uma pequena canção enquanto seguia as carruagens:

Souvent la chaleur d'un beau jour
Fait rêver fillete à l'amour [16]

E o resto falava de pássaros, do sol e da folhagem.
Algumas vezes, ele aparecia de repente atrás de Emma, sem chapéu. Ela recuava com um grito... (p. 282).

Quando Madame Bovary escutava a voz do cego,

... ela possuía algo de longínquo que perturbava Emma.
Descia-lhe ao fundo da alma como um turbilhão num abismo e transportava-a para os espaços de uma melancolia sem limites...
... Emma, ébria de tristeza, tiritava sob as roupas e tinha cada vez mais frio nos pés e morte na alma (p. 283).

Mas depois, quando retornava a Léon, se abastecia novamente de seu amor:

... Emma saboreava aquele amor de forma discreta e absorta, encorajava-o com todos os artifícios de sua ternura e temia um pouco que ele se perdesse mais tarde (p. 284).

---

16. Com freqüência o calor de um belo dia/Faz a menina pensar no amor (nota do autor).

183

A ESTRUTURA DA HISTERIA em Madame Bovary

Movida por esse temor é que Madame Bovary irá provocar o ciúme de Léon, referindo-se a um amor fictício do passado:

Ah! Tu vais me deixar!... Tu te casarás!... Serás como os outros.
Ele perguntava:
— Que outros?
— Ora, os homens, enfim, respondia.
Depois acrescentava, afastando-o com um gesto lânguido:
— Vocês são todos uns infames! (p. 284).

Emma acaba por dizer que, antes dele, amara alguém, mas "*que nada acontecerá*" e que ela não o amara tanto quanto a Léon. Para evitar mais perguntas e valorizar-se perante ele, disse:

— Era um capitão de navio[17], meu amigo...
O escrevente sentiu então a pequenez de sua posição; invejou as dragonas, as condecorações, os títulos... (p. 284).

Além disso, Madame Bovary começava a dar mostras de sua insatisfação com Léon, quando falam de Paris:

— Ah! Como seríamos felizes se vivêssemos lá!
— Não somos felizes? replicava docemente o jovem, passando-lhe a mão pelos bandós.
— Sim, é verdade, dizia ela, sou louca: beija-me! (p. 285).

---

17. "... Quanto mais estrangeiro, mais será mantido imaginariamente como parceiro inacessível. Se além do mais seu estatuto de 'estrangeiro' o mantém, na realidade, numa distância importante ou mais ou menos permanente da histérica, ele se torna o parceiro dos sonhos. Por outro lado, tão logo o 'estrangeiro' se faça mais cotidiano, mais imediato, suas aptidões ideais caem em queda livre: torna-se de imediato tão decepcionante quanto os outros. Donde este fantasma histérico, fartamente alimentado, de ser a mulher de um navegador de longo curso ('é formidável, pois é tão bom quando a gente se revê...'), ou de ser a companheira de um engenheiro preso vários meses do ano nos confins da Antártica..." (DOR, J., *Estruturas e clínica psicanalítica*, Rio de Janeiro, Taurus Editora, 1994, pp. 80-81).

Sérgio Scotti

Mas a inveja também é o motivo pelo qual Madame Bovary busca manipular Léon. A inveja da posse do falo faz com que Emma deseje ser homem. Movida por esse desejo é que ela irá praticamente inverter os papéis, colocando-se cada vez mais no papel ativo, masculino, que é o mesmo que tentou fazer com Rodolphe e há muito tempo faz com Charles, ajudada pela complacência deste, a qual, mais uma vez, se manifesta quando ele lhe diz que se encontrou com a Srta. Lempereur, sua suposta professora de piano em Rouen:

> — *Pois bem! Vi-a há pouco, replicou Charles, em casa da Sra. Liégeard. Falei-lhe de ti: ela não te conhece. Foi um raio. Todavia ela respondeu com um ar natural.*
> — *Ah! Sem dúvida, terá esquecido meu nome!*
> — *Mas talvez haja em Rouen, disse o médico, várias senhoritas Lempereur que são professoras de piano.*
> — *É possível (p. 285).*

E a mentira torna-se uma necessidade na vida de Madame Bovary. Mais do que uma necessidade, um prazer que ela cultiva como seu amor com Léon.

Certo dia, Charles encontra um recibo da Srta. Lempereur dentro de sua bota:

> — *Como diabo pode estar dentro de minhas botas?*
> — *Sem dúvida, respondeu ela, terá caído da velha pasta de faturas que está na beira da prateleira.*
> *A partir daquele momento, sua existência não foi mais do que uma coleção de mentiras, em que ela envolvia seu amor como que em véus para escondê-lo.*
> *Era uma necessidade, uma mania, um prazer, a tal ponto que, se dizia ter passado ontem pelo lado par de uma rua era preciso crer que ela tomara pelo lado ímpar (p. 286).*

A ESTRUTURA DA HISTERIA em Madame Bovary

Pois é a verdade mesmo, o real da falta que Madame Bovary não quer ver nela própria. As mentiras escondem outra verdade, a verdade da castração que Emma quer evitar.

Contudo, o real impõe-se a ela por meio da figura de Lheureux, que, paradoxalmente, era ao mesmo tempo quem lhe vinha garantindo e sustentando a continuação de seu sonho.

Depois de a haver surpreendido saindo do Hotel de Boulogne em companhia de Léon, Lheureux aparece em casa dela cobrando-lhe as promissórias que Charles havia assinado, mas acaba por renová-las e sugere ainda que, por meio da procuração assinada por Charles, ela venda uma das propriedades deixadas por seu pai:

> — *Porém, se a senhora não possui dinheiro em espécies, a senhora tem* bens.
> *E indicou um miserável casebre situado em Barneville[18] perto de Aumale que não rendia grande coisa... (p. 287).*

Emma vende o imóvel que lhe garantiria mais encontros com Léon e o pagamento das promissórias. Estas, no entanto, chegam ao conhecimento de Charles, quando, em uma quinta-feira em que Madame Bovary estava em Rouen, uma delas chegou à sua casa:

> *... e Charles, perturbado, esperou pacientemente a volta de sua mulher para ter explicações.*
> *Se ela não lhe falara naquela promissória era para poupar-lhe aborrecimentos domésticos; ela sentou-se em seus joelhos, acariciou-o, arrulhou, enumerou longamente todas as coisas indispensáveis compradas à crédito (p. 289).*

Charles, sem saber o que fazer, apela a Lheureux, que lhe propõe mais promissórias. Charles apela, então, para sua mãe a fim de poder pagá-las. Ela concorda, sob a condição de ver a fatura.

---

18. Cidade normanda perto de Dieppe (nota do autor).

Sérgio Scotti

Ao saber da condição imposta pela mãe de Charles, Madame Bovary imediatamente solicita a Lheureux que altere para menos o valor da fatura, pois, senão, teria de confessar a venda da casa. Apesar de tudo, mãe Bovary censura severamente sua nora:

... — Nem todo mundo pode ser rico! Nenhuma fortuna resiste ao desperdício!... (p. 289).

Elas se acabam desentendendo, e Emma tem uma crise. Charles, ficando do lado da esposa, repreende duramente sua mãe:

Emma pôs-se a rir com um riso estridente, ruidoso, contínuo: era um ataque de nervos.
— Ah! Meu Deus! exclamou Charles. Ora! Tu também tens culpa, vens fazer-lhe cenas!... Sua mãe, levantando os ombros, afirmava que tudo aquilo era fingimento *(p. 290).*

Depois das cenas e da partida da mãe de Charles, este se desmanchou em desculpas e fez questão de refazer a procuração de Emma, que sua mãe exigira fosse destruída.

Um julgamento apressado poderia, facilmente, atribuir a Madame Bovary um espírito maligno, que se aproveita da fraqueza de Charles para satisfazer, única e exclusivamente, seus próprios desejos. À primeira vista, o comportamento de Emma sugere-nos realmente tal coisa. No entanto, para compreendermos mais profundamente a personagem, devemos de novo contextualizá-la na estrutura que lhe é própria, ou seja, na estrutura da histeria. E, nesse contexto, poderíamos mesmo dizer que Madame Bovary é totalmente correta.

Poderíamos perguntar-nos: onde está a culpa de Emma?

Primeiro teríamos de dizer que ela não está ausente, apesar de aparecer disfarçada por um comportamento marcadamente maníaco:

Que transbordamento, na quinta-feira seguinte, no hotel, em seu quarto, com Léon! Ela riu, chorou, cantou, dançou, man-

A ESTRUTURA DA HISTERIA em Madame Bovary

dou buscar sorvetes, quis fumar cigarros, pareceu-lhe extravagante, mas adorável, soberba (p. 290).

A culpa disfarça-se no comportamento maníaco de Madame Bovary, como se ela quisesse dizer a si mesma e ao mundo: "Vejam como sou feliz, nada me atinge, nenhum escrúpulo, nenhuma falta, só felicidade e gozo!".

E as palavras de Flaubert vêm de novo complementar nossa compreensão de que a ética de Madame Bovary é a ética inconsciente de uma estrutura que não se conforma com a falta, com a perda, com a castração. É essa estrutura que a empurra para o gozo que não quer saber de limites, que coloca como bem superior um gozo que não pode ser restringido por qualquer moral ordinária, aproximando-a de um comportamento quase perverso:

Ele não sabia que reação de todo o seu ser a impelia ainda mais a precipitar-se nos gozos da vida. Ela tornava-se irritável, gulosa e voluptuosa; e passeava com ele pelas ruas, de cabeça erguida, sem medo, dizia, de comprometer-se... (p. 291).

Somente outro gozo maior que esse, sonhado porém não realizado, poderia, neste instante, ameaçar a felicidade maníaca de Madame Bovary com Léon:

... Às vezes, todavia, Emma estremecia à idéia repentina de encontrar Rodolphe; pois, embora estivessem separados para sempre, parecia-lhe que não se sentia totalmente liberta de sua dependência (p. 291).

O imperativo superegóico que Lacan identificou como sendo *"Goza!"*[19] aparece perfeitamente representado em Madame Bovary.

É verdade que, sob a forma do sofrimento imposto pelo super-eu, se goza; no caso de Madame Bovary, poderíamos dizer que, sob

---

19. LACAN, J., *Seminário XX – Mais ainda*, Rio de Janeiro, Jorge Zahar Editor,1985, p. 11.

Sérgio Scotti

a forma do gozo, se sofre, o que, no fim das contas, é a mesma coisa, já que se sofre de um gozo da mesma forma que se goza de um sofrimento[20].

Como já vimos, na lógica da estrutura histérica, o gozo é um sofrimento por um *demasiado pouco*, que sempre faz do gozo algo que poderia ser mais do que é. Mas, ao mesmo tempo, é um sofrimento de que se goza, já que este *demasiado pouco* promete um gozo ainda maior, mas que nunca se realiza, pois, quando dele se aproxima, o gozo prometido não é o que se esperava, reiniciando, assim, o ciclo ruinoso de um gozo que se consome a si próprio.

Assim é que Madame Bovary, mesmo quando está com Léon, não deixa de pensar em Rodolphe, de quem ainda se sente dependente, pois nele deposita as esperanças, o sonho de um gozo ainda maior.

É com a esperança de um gozo ainda maior, mas que nunca se realiza, que Madame Bovary se afunda em dívidas em um amor que nunca a satisfaz, por mais que busque aumentá-lo às custas de um envolvimento cada vez maior do objeto amado, como uma aranha que tece sua teia em torno da vítima para sugá-la.

É dessa forma, justamente, que Léon passa a se sentir, da mesma maneira que Rodolphe antes dele. E também é dessa mesma maneira que Emma, quanto mais se aproxima da posse total de seu falo, mais se dá conta de sua fraqueza e, por isso, o domina e o despreza.

Após uma noite em que Madame Bovary não voltou para casa, Charles procurou-a desesperadamente: ela mentiu que estivera doente, conseguindo, assim, uma desculpa para outras escapadas:

... Quando sentia vontade de ver Léon, partia com qualquer pretexto e, como ele não a esperava naquele dia, ia procurá-lo no cartório.

Nas primeiras vezes foi uma grande felicidade; porém, em breve, ele não escondeu mais a verdade; seu patrão queixava-se muito de tais transtornos.

---

20. MILLER, G., O ato falho por excelência é o ato sexual, *in Lacan*, Rio de Janeiro, Jorge Zahar Editor, 1989, p. 66.

A ESTRUTURA DA HISTERIA em Madame Bovary

— Ah! Que importa! Vem, dizia ela...
A cada vez, Léon precisava contar-lhe tudo o que fizera des-
de o último encontro. Ela pediu versos, versos para ela, Um
poema de amor *em sua honra; ...*
... na verdade ele era mais o amante dela do que ela a dele...
(p. 292).

Em uma das quintas-feiras em que Madame Bovary ia encontrar-se com Léon em Rouen, o farmacêutico Homais encontrou o escrevente antes de Emma, arrastando-o para longo passeio pela cidade:

Emma esperou Léon por três quartos de hora. Enfim cor-
reu ao seu cartório e, perdida em todo tipo de conjecturas,
acusando-o de indiferença e censurando a si mesma sua
própria fraqueza, passou a tarde com a testa colada nas
vidraças (p. 294).

Léon, tendo conseguido livrar-se momentaneamente de Homais, correu para sua amada, que impacientemente o aguardava no hotel:

... caindo de joelhos, rodeou-lhe a cintura com os dois bra-
ços, numa pose lânguida, cheia de concupiscência e de sú-
plica (p. 295).

Ele prometeu voltar logo, mas, quando retornou ao hotel,

Emma não estava mais lá.
Acabava de sair, exasperada. Ela detestava-o agora. Aquela
falta de palavra para o encontro parecia-lhe um ultraje e ela
procurava ainda outras razões para afastar-se dele: ele era
incapaz de heroísmo, fraco, banal, mais mole do que uma
mulher, avarento aliás, e pusilâmine (p. 297).

Sérgio Scotti

Podemos ver aqui como, ao menor pretexto, a idealização de seu amado, do mestre, cai por terra. Transforma-se em ódio aquilo que para ela deveria ser um grande amor, o grande amor que Madame Bovary transformou em um ídolo, ao qual ela rende homenagens e tenta enaltecer, engrandecendo-o por meio de suas fantasias e das coisas que Lheureux lhe proporciona: este falo, este ídolo de ouro de que nos fala Flaubert:

> *... a difamação daqueles que amamos sempre nos afasta deles um pouco. Não se deve tocar nos ídolos: a douradura acaba ficando em nossas mãos (p. 297).*

O buraco, a falta que se abre diante de Madame Bovary, ela se empenha cada vez mais em tampá-la:

> *... Ela prometia continuamente a si mesma, para a viagem seguinte, uma felicidade profunda; depois, confessava a si mesma não sentir nada de extraordinário. Aquela decepção apagava-se depressa com uma nova esperança e Emma voltava a ele mais inflamada, mais ávida (p. 297).*

Mas, apesar dos esforços desesperados de Madame Bovary em fazer de seu amor uma compensação de sua falta, ou justamente por causa deles, é que Léon sente seu próprio ser esvair-se naquela relação:

> *... O que o encantava outrora assustava-o um pouco agora. Aliás, revoltava-se contra a absorção, cada vez maior, de sua personalidade. Não perdoava a Emma aquela vitória permanente... sentia-se covarde como os bêbados diante dos licores fortes (p. 297).*

Diante das palavras de Flaubert, da arte e da precisão com que ele as arranja e, ainda mais, da profundidade e da clareza com que nos ilustra do mais íntimo de suas personagens, especialmente de Madame Bovary, temos o ímpeto de remeter o leitor ao romance e

A ESTRUTURA DA HISTERIA em Madame Bovary

deixar que ele encontre lá, com toda a riqueza de detalhes, a estrutura da histeria. Contudo, se nos cabe aqui ainda algum papel diante desse gigante da literatura, é o de continuar a guiar o leitor pelos caminhos em que a histeria de Madame Bovary costuma aparecer nas palavras do narrador. Então, apesar de todos os esforços de Emma para absorver de Léon o ser que lhe faltava –

> ... *Informava-se como uma mãe virtuosa, sobre seus colegas. Dizia-lhe:*
> — *Não os vejas, não saias, pensa unicamente em nós; ama-me. Teria desejado vigiar sua vida e teve a idéia de mandá-lo seguir na rua... (p. 298) –,*

ela não o fez, não o seguiu, porque, quando pensava nos romances que lera, no início de seu casamento, no Visconde, em Lagardy,

> ... *de repente viu Léon tão longe quanto os outros... (p. 298).*

O narrador aparece aqui novamente nos ilustrando estupendamente a respeito do drama da histérica, que, no ideal do mestre, encontra sempre a falta que a remete outra vez a outro que nunca é, o Outro que ela esperava encontrar:

> ... *ela não era feliz, nunca o fora. De onde vinha então aquela insuficiência da vida, aquela repentina podridão instantânea das coisas em que se apoiava?... Mas, se houvesse em algum lugar um ser forte e belo, uma natureza intrépida, cheia ao mesmo tempo de exaltação e refinamento, um coração de poeta sob forma de um anjo, lira de cordas de bronze, enviando para o céu epitalâmios elegíacos, por que não poderia ela encontrá-lo por acaso? Oh! Que impossibilidade! Nada, aliás, valia o trabalho da procura; tudo mentia! Cada sorriso escondia um bocejo de tédio, cada alegria uma mal-*

Sérgio Scotti

dição, qualquer prazer um desgosto e os melhores beijos deixavam nos lábios apenas um irrealizável desejo de uma maior volúpia (p. 298).

Como o leitor pode acabar de ver, não é sem razão que declaramos repetidas vezes nossa admiração por Flaubert e que em nós surge o desejo de dizer: basta, está tudo aí, nada mais a dizer! Contudo, há mais. Nem que seja para continuarmos a nos maravilhar com o gênio de Flaubert, há mais para dizer sobre a histeria em Madame Bovary.

Ela, Madame Bovary, estava doente, doente de amor: tal como nos períodos em que estivera "realmente" doente, de cama, para apartar-se do mundo, Emma, no seu amor, também se apartava da realidade por meio das suas paixões, do seu sintoma:

... um infinito de paixões pode caber num minuto, como uma multidão num pequeno espaço.
Emma vivia totalmente ocupada com as suas e não se inquietava mais do que uma arquiduquesa com as questões de dinheiro (p. 299).

O real da falta acaba aparecendo para Madame Bovary como a falta de dinheiro, na forma de um protesto do Sr. Vinçart, a quem Lheureux, havia repassado uma promissória de setecentos francos assinada por Emma, apesar de ele haver prometido que não faria circular suas promissórias. Por isso, ela vai procurá-lo exigindo explicações:

— Porém, eu mesmo fui forçado, estava com a faca na garganta.
— E o que vai acontecer agora? disse ela.
— Oh! É muito simples: um julgamento no tribunal e depois a penhora... ora bolas! (p. 300).

A ESTRUTURA DA HISTERIA em Madame Bovary

Lheureux enreda outra vez Madame Bovary em mais promissórias, prometendo salvá-la do protesto, além de lhe empurrar mais mercadorias:

... ditou quatro promissórias de duzentos e cinqüenta francos com o intervalo de um mês entre os vencimentos...
E, mais rápido do que um prestidigitador, embrulhou a guipure num papel azul e colocou-a nas mãos de Emma (p. 301).

Tal como sua felicidade que se promete sempre num *depois de agora,* que é sempre insatisfatório, Madame Bovary prorroga sempre para depois o encontro com a falta, com a castração, que é sempre evitada com mais promessas, sejam de felicidade, sejam de amor, sejam de dinheiro.

Ela buscava levantar dinheiro de todas as formas, embora não tivesse muito sucesso:

... ela insistiu com Bovary para que escrevesse à sua mãe pedindo-lhe que lhe enviasse logo o resto da herança. A sogra respondeu que não tinha mais nada...
... expediu faturas a dois ou três clientes e em breve usou largamente esse expediente...
... pôs-se a vender suas velhas luvas, seus velhos chapéus, seu ferro-velho; ... pedia emprestado... a todo mundo...
Às vezes, é verdade, procurava fazer cálculos mas descobria coisas tão exorbitantes... não pensava mais no assunto (p. 302).

Enquanto isso, Charles observava a casa e a filha descuidadas:

... Viam-se sair fornecedores com expressões furiosas. Havia lenços em cima dos fogões; e a pequena Berthe, para grande escândalo da Sra. Homais, usava meias furadas. Se Charles, timidamente, ousava fazer alguma observação, ela respondia com brutalidade que não era culpa dela!

Sérgio Scotti

Por que tais exaltações? Ele explicava tudo por sua antiga doença nervosa... (p. 302).

Em algumas ocasiões, referimo-nos ao amor de Madame Bovary como uma droga de que ela se utilizava para entorpecer sua angústia, sua falta. No seguinte excerto, vemos a descrição do que poderia ser a de uma dependente, em crise de abstinência, daquelas que se arruinam para manter o vício:

... outras vezes, atingida mais fortemente pela chama íntima avivada pelo adultério, ofegante, emocionada, envolvida pelo desejo, ela abria a janela, aspirava o ar frio, espalhava ao vento sua cabeleira pesada demais e, olhando as estrelas, desejava amores de príncipe. Pensava nele, Léon. Teria então dado tudo por um único daqueles encontros que a saciavam. Eram seus dias de gala. Ela os desejava esplêndidos! E quando ele não podia pagar sozinho a despesa, ela completava com liberalidade o que faltava, o que acontecia quase todas as vezes (p. 303).

Léon, de seu lado, arrefecia seu amor por ela quando pensava nos inconvenientes para seu futuro burguês, além de ser admoestado por sua mãe e pelo patrão, que souberam do *caso* com uma mulher casada, por uma carta anônima:

... Aliás, ele ia tornar-se primeiro escrevente: era o momento de ser sério (p. 304).

Emma não estava menos cansada de Léon e

... encontrava no adultério toda a insipidez do casamento...
... cada dia obstinava-se mais, esgotando qualquer felicidade por desejá-la demasiadamente grande. Acusava Léon pelas decepções em que haviam caído suas ilusões como se ele a tivesse traído; ... (p. 305).

A ESTRUTURA DA HISTERIA em Madame Bovary

Mas é do Léon real que ela se enfastia, comparado ao fantasma que habita suas cartas quando ela ainda escreve para ele, como se ainda amasse aquele amo maravilhoso que mais parecia um deus:

> *Porém, ao escrever, ela percebia um outro homem, um fantasma feito de suas mais ardentes lembranças, ... sem poder todavia imaginá-lo nitidamente, de tal forma se perdia, como um deus, sob a abundância de seus atributos... (p. 305).*

Quando o narrador nos descreve Madame Bovary fantasiando seu homem ideal, quando a vemos envolvida por seu fantasma, temos a impressão de que se trata de uma atividade masturbatória, na qual ela se esgota por encontrar o Outro sem falta que lhe consome toda energia como um buraco negro que arrasta para si, sem nunca se fechar, as mais elevadas inspirações imaginárias de que ela é capaz:

> *... Ele habitava a região azulada em que as escadas de seda se balançam nas sacadas, ao perfume das flores, ao luar. Sentia-o perto dela, ele ia chegar e a arrebataria inteiramente num beijo. Em seguida, recaía deprimida, extenuada, pois aqueles ímpetos de amor vago a fatigavam mais do que grandes libertinagens.*
> *Sentia agora uma lassidão incessante e universal... (p. 305).*

Mas o fantasma de Madame Bovary, apesar de seus esforços, não é capaz de arrebatá-la, de neutralizar sua angústia, que ela busca esquecer por meio de mais divertimentos. Então, apesar das citações que recebia, ela foi a um baile à fantasia, no qual

> *... Pulou a noite inteira, ao som furioso dos trombones; ... (p. 305).*

Sérgio Scotti

Ao fim do baile, passando mal e quase desmaiando, ela se lembra de sua filha em Yonville, reanima-se, mas sente que

> *... Tudo e até sua própria pessoa lhe eram insuportáveis... (p. 306).*

Madame Bovary não suporta ser mulher, não suporta não ter um homem, um mestre que não possa amá-la sem que, ao mesmo tempo, a deixe insatisfeita; não suporta não ter dinheiro bastante para realizar todos seus desejos. Reforçando o que diz Flaubert, ela não suporta sua pessoa e tudo que lhe faça lembrar sua castração. Porém, acima de tudo, o que Madame Bovary não pode suportar, como toda histérica, é não ser o objeto causa de desejo do Outro.

Ao criar uma insatisfação em si mesma e no Outro, ela mantém o desejo que, apesar de insatisfeito, se torna mesmo um desejo de insatisfação; ela mantém então, dessa forma, por meio da insatisfação, a promessa de um gozo absoluto, sem falta, mas que só pode se manter como tal enquanto prometido, dependente, portanto, da insatisfação. A insatisfação mesma, ela só pode manter enquanto ocupar o lugar de objeto causa de desejo, o objeto a^{21}.

Esse é o sentido que Lacan atribui ao sonho da *Bela Açougueira*, relatado e interpretado por Freud[22], donde Lacan[23] conclui que o desejo da histérica é o desejo de um desejo.

Então, o que iremos observar daqui por diante, quando o real da falta se impõe irremediavelmente para Madame Bovary na forma da falta de dinheiro, é que ela irá buscar, desesperadamente, reocupar esse lugar de objeto *a*, do qual é destituída quando os homens à sua volta já não se dispõem a mantê-la como tal, pois fazem dela objeto de gozo, mesmo que seja um gozo pecuniário, do qual se aproveita Lheureux.

---

21. "... Sua verdade é que precisa ser o objeto *a* para ser desejada..." (LACAN, J., *Seminário XVII O avesso da psicanálise, op. cit.*, p. 166).

22. FREUD, S., *Obras Completas – La deformación onírica, in La interpretación de los sueños, op. cit.*, v. 1, p. 436.

23. LACAN, J., La direction de la cure et les principes de son pouvoir, *in Écrits*, Paris, Ed Seuil, 1966, pp. 620-627.

A ESTRUTURA DA HISTERIA em Madame Bovary

Madame Bovary representa, precursoramente, para nós, falando do ponto de vista social, aquela porção da população feminina excluída do processo produtivo que preenche seu vazio existencial com uma coleção de aquisições e/ou amantes. Lheureux, por seu lado, representa seu complemento socioeconômico que veio desenvolver-se na forma do mercado da moda e do comportamento, que, por sua vez, sustenta a indústria do supérfluo, do semblante. A histeria, alimentando e alimentando-se do capitalismo perverso, é auxiliada pelo brilho fálico da moda passageira e efêmera, que se deve sempre renovar, apresentando-se como algo novo e desejável e, portanto, sempre consumível:

> *Todavia, de tanto comprar, de não pagar, de pedir emprestado, de assinar promissórias, depois de renovar tais promissórias, que cresciam a cada novo vencimento, ela acabou por preparar, para o sr. Lheureux, um capital que ele esperava impacientemente para suas especulações (p. 307).*

Com a possibilidade de penhora de seus bens, caso não pagasse em vinte e quatro horas uma dívida de oito mil francos, Madame Bovary apela de novo ao Sr. Lheureux, que se mostra irredutível:

> *— Pensava, minha cara senhora, que eu iria, até a consumação dos séculos, ser seu fornecedor e banqueiro pelo amor de Deus? Devo finalmente receber o que desembolsei, sejamos justos! (p. 307).*

No seu desespero em se fazer objeto de desejo novamente e, assim, evitar a falta, Madame Bovary, começando com Lheureux, irá iniciar um caminho de degradação de início sutil, mas que irá degringolar quase até a prostituição:

> *Ela foi covarde, ela suplicou; e mesmo apoiou sua bonita mão branca e longa nos joelhos do negociante.*

Sérgio Scotti

— Deixe-me em paz! Dir-se-ia que a senhora deseja seduzir-me!
— O senhor é um miserável! exclamou ela (p. 308).

Lheureux, apesar de sua indignação, maldosamente não deixa de sugerir que Madame Bovary tente o mesmo com outros, já que ela não tem mais nada e chora por isso:

— Ora! Quando se têm amigos como a senhora!...
... a senhora não tem mais nada...
— Ora vamos! Agora temos lágrimas! (pp. 308-309).

É isso o que Madame Bovary irá fazer.

Depois de habilmente esconder de Charles o levantamento de todos os bens da casa para a penhora e, ainda, movida pela paixão –

"... ela sentia remorsos, ou melhor, um pesar imenso que, longe de aniquilá-la, aumentava a paixão..." (p. 310) –,

Emma irá, primeiro, procurar alguns banqueiros que conhecia e que riram em sua cara. Depois foi até Léon, a quem chamou de covarde e chegou mesmo a sugerir que roubasse dinheiro do cartório em que trabalhava:

— Se eu estivesse em teu lugar, acharia perfeitamente!
— Onde?
— Em teu cartório! (p. 312).

Voltando a Yonville, após Léon lhe ter feito vã promessa de conseguir dinheiro emprestado a um amigo, Emma ainda tenta fazer pouco caso de sua falta, jogando o que lhe restava para o cego que seguia a carruagem:

... Emma, enojada, enviou-lhe por sobre o ombro uma moeda de cinco francos. Era toda a sua fortuna. Pareceu-lhe belo lançá-lo assim...

A ESTRUTURA DA HISTERIA em Madame Bovary

—Que aconteça o que deve acontecer! dizia a si mesma (p. 314).

Chegando à vila, Madame Bovary vê um alvoroço de gente no mercado, que lia grande cartaz anunciando a venda dos móveis dela:

... e ela viu Justin que, tendo subido num marco, rasgava o cartaz. Porém, naquele momento, o guarda campestre agarrou-o pela gola... (p. 315).

Aconselhada por sua empregada Felicité, que namorava o empregado do notário Guillaumin, Emma vai procurá-lo:

— Se eu fosse a senhora, iria procurar o Sr. Guillaumin.
— Achas que devo fazê-lo?
E essa interrogação significava:
— Tu que conheces a casa pelo criado, será que o patrão teria alguma vez falado de mim?...
— Ela vestiu-se, pôs sua roupa preta... (p. 315).

Guillaumin tenta cortejá-la grosseiramente, e Madame Bovary afasta-se indignada, mas com certo gozo pelo desejo que despertava naquele homem repulsivo:

Ela passou a expor-lhe a situação.
O Sr. Guillaumin a conhecia, estando secretamente ligado com o vendedor de fazendas...
Estendeu a mão, tomou a dela... brincava com seus dedos delicadamente, enquanto lhe fazia mil galanteios...
... e suas mãos avançavam dentro da manga de Emma para apalpar-lhe o braço...
Arrastava-se de joelhos...
— Por favor, fique! Eu a amo.
Agarrou-a pela cintura.
... Sou digna de pena mas não estou à venda!

Sérgio Scotti

... valorizando seu orgulho, nunca tivera tanta estima por si mesma nem tanto desprezo pelos outros... Teria desejado espancar os homens, escarrar-lhes no rosto, triturá-los todos... deleitando-se com o ódio que a sufocava (pp. 316-318).

Mas algo a fará decair mais ainda: a possibilidade de obter o perdão de Charles e de precisar rebaixar-se à magnanimidade dele:

— Sim, murmurava, rangendo os dentes, ele me perdoará, ele que acharia pouco oferecer-me um milhão para que eu o perdoe por ter-me conhecido... Jamais! Jamais!
A idéia da superioridade de Bovary em relação a ela a exasperava... suportar o peso de sua magnanimidade...
(p. 319).

Movida por essa exasperação, Emma irá, definitivamente, oferecer-se ao perceptor Binet e, depois, rejeitada por ele e abandonada por Léon, que não lhe traz o dinheiro nem qualquer satisfação, ela irá, enfim, ao encontro de Rodolphe:

O perceptor parecia escutar, arregalando os olhos como se não compreendesse. Ela continuava, com maneiras ternas, suplicantes. Aproximou-se; seu seio ofegava; não falavam mais...
Binet enrubescera até as orelhas. Ela tomou-lhe as mãos...
— Senhora! Como pode pensar!...
... De repente, bateu na testa, deu um grito, pois a lembrança de Rodolphe... Era tão bom, tão delicado, tão generoso... Partiu pois para Huchette sem perceber que corria a oferecer-se ao que havia pouco tempo tanto a exasperara, sem nem minimamente desconfiar que estava se prostituindo (pp. 320-322).

Madame Bovary:
O desejo perpétuo

Antes de chegarmos ao trágico fim de Madame Bovary, devemos perguntar-nos: afinal, por que ela não podia suportar sequer a idéia do perdão de Charles? Por que Madame Bovary preferiu seguir o caminho degradante do oferecimento de si mesma, em troca de alguns francos, a homens que ela mal conhecia? Por que se prostituir e se humilhar diante de Rodolphe, que havia sido o primeiro de todos a abandoná-la de forma vil e covarde? Finalmente, por que preferiu mesmo a morte antes que o perdão de Charles? Como ela mesma supunha, e nós também, certamente Charles aceitaria qualquer desculpa; perdoá-la-ia, mesmo sem qualquer desculpa.

Por que dar importância tão grande à figura de Charles, já tão diminuída pela própria mediocridade, além de todo desprezo que Emma lhe prodigalizava?

A ESTRUTURA DA HISTERIA em Madame Bovary

A primeira parte de nossa resposta decorre justamente dessas últimas considerações. Exatamente porque Charles lhe parecia tão fraco, ínfimo e desprezível é que Madame Bovary não podia aceitar-lhe o perdão.

Aceitar o perdão de Charles significaria uma derrota para tudo aquilo contra o qual Emma sempre lutara encarniçadamente. Seria a vitória da pequenez, da mediocridade, do comum. Seria, enfim, a vitória da castração, da castração dos sonhos de grandeza, de beleza e felicidade que Madame Bovary perseguia em suas fantasias, inspiradas pelos romances que lera na juventude.

O perdão de Charles, que Emma nem precisaria solicitar, pois era a única coisa que lhe restava, seria o reconhecimento final de que ela não era capaz de evitar sua própria castração. Humilhar-se perante Charles seria admitir sua própria pequenez e mediocridade, pior ainda que a dele, já que o perdão dele o tornava superior a ela. A única saída que resta a Madame Bovary, a única que lhe parece digna e que pode mantê-la acima da suprema humilhação, que seria o perdão de Charles, é a morte pelas próprias mãos: a única saída pela qual podia manter, ainda, seu ideal de um gozo supremo[1].

Vejamos, então, como se dá a parte final do calvário de nossa infeliz personagem, desde o reencontro com Rodolphe até o suplício do veneno.

Enquanto se encaminhava para o castelo de Rodolphe, ela se perguntava:

... Que vou dizer? Por onde vou começar? (p. 323).

Ao encontrá-lo em seu quarto, Rodolphe recebe-a com ternas palavras:

---

1. "Fuente última de resistência, el superyo rehúsa hasta el final ceder el goce del síntoma: más bien enfermedad, depresión, a veces intervenciones quirúrgicas, la muerte misma" (MILLOT, C. *et al.*, Deseo y goce en la histerica, *in Histeria y obsesión,* Buenos Aires, Manantial, 1986, p. 130).

Sérgio Scotti

— *Você não mudou, é sempre encantadora!*
— *Oh! replicou ela amargamente, são tristes encantos, meu amigo, visto que os desdenhou (p. 323).*

E depois de Rodolphe inventar desculpas para sua atitude e de Emma fingir acreditá-las, prometem-se um ao outro um recomeço:

... Mas nós recomeçaremos, não é verdade? Nós nos amaremos! Olha, estou rindo, estou feliz!... Mas fala!... —Ah! Perdoa-me! És a única que me agrada. Fui imbecil e mau! Amo-te, amar-te-ei sempre. Que tens? Fala! (pp. 324-325).

Então, Emma, finalmente, declara o motivo de sua visita:

— *Pois bem!... Estou arruinada, Rodolphe! Vais emprestar-me três mil francos! (p. 325).*

Apesar de Madame Bovary inventar uma história triste, sobre um notário que teria fugido com o dinheiro de Charles, Rodolphe declarou calmamente:

— *Não os tenho, cara senhora.*
Ele não mentia. Se os tivesse tido tê-los-ia dado, sem dúvida, embora geralmente seja desagradável fazer tão belas ações: pois, de todas as borrascas que se abatem sobre o amor um pedido pecuniário é a mais fria e a mais devastadora (p. 325).

Desculpando-se de novo porque dizia estar também em dificuldades, Rodolphe provoca em Madame Bovary uma reação descontrolada e enraivecida, em que ela lhe "joga na cara" todos os grandes e pequenos bens de que poderia dispor para ajudá-la:

A ESTRUTURA DA HISTERIA em Madame Bovary

... Ora! Até com isso, exclamou pegando sobre a lareira suas abotoaduras, com a menor destas ninharias! Pode-se fazer dinheiro!... Oh! Não as quero! Fica com elas.

E lançou bem longe as duas abotoaduras cuja corrente de ouro rompeu-se ao bater contra a parede (p. 326).

O risco que se corre quando se faz trabalho sobre obra tão expressiva e de autor tão genial é o de que se fica tão fascinado que as citações acabam por suplantar em número o que gostaríamos de, nós mesmos, estar escrevendo sobre o autor e suas personagens. Tanto assim é que a escrita de um autor como Flaubert, em *Madame Bovary*, expressa magistralmente aquilo que gostaríamos de dizer sobre a histeria.

Risco maior ainda ocorre quando ousamos, com as citações, expressar, ao nosso modo, uma compreensão teórica e, talvez, árida do que seja a histeria em *Madame Bovary*. Comparando-nos ao estilo de Flaubert, sentimo-nos sempre, é claro, em imensa desvantagem. Contudo, desculpamo-nos, com o argumento de que não pretendemos desenvolver aqui obra literária. Em vista disso tudo, rogamos ao leitor que nos perdoe quando faremos, em seguida, após a citação do trecho em que Emma se queixa a Rodolphe, certa tradução do que isso significaria sob o ponto de vista da compreensão que temos da estrutura histérica:

— Mas eu ter-te-ia dado tudo, teria vendido tudo, teria trabalhado com minhas mãos, teria mendigado nas estradas por um sorriso, por um olhar! Para ouvir-te dizer: "Obrigado!" E tu ficas aí tranqüilamente em tua poltrona, como se já não me tivesses feito sofrer suficientemente?... Oh! Tua carta, tua carta! Ela me despedaçou o coração! E depois, quando volto para ele, para ele que é rico, feliz, livre! Para implorar um socorro que qualquer pessoa daria, suplicando e trazendo-lhe toda a minha ternura, ele me repele, porque isso lhe custaria três mil francos! (p. 326).

Sérgio Scotti

Eis a tradução:

Eu que seria toda tua, seria o teu falo, e você, meu mestre; seria todo meu também. Seríamos um só sem falha, sem falta. Tu não és tão perfeito assim, pois não tens três mil francos. Por isso te odeio, pois não és a perfeição que eu esperava que fosses. Diga-me o contrário, diga-me que não sou esse objeto de que gozaste e jogaste fora, diga-me que ainda me desejas que ainda me queres, que ainda sou a causa de teu desejo, pois, só assim, continuarei a ser-te o falo que te faz perfeito e a mim também. Quando não o sou, tu me pareces horrível e eu também, pois estamos separados, não temos uma relação, não há uma relação sexual, não há um homem e uma mulher que se complementam no amor. O que sobra é somente o teu fetiche de homem que fica do teu lado (tuas abotoaduras); eu fico sem nada, castrada. Se tu quisesses seríamos um só: a culpa não é minha; tu que não queres; és egoísta. Por isso, deverias sentir-te culpado, ver tua falta e me receber novamente como tua mulher, a quem deves amar sobre todas as coisas.

Não é fácil expressar-se teoricamente sobre a histeria sem parecer árido. Todavia, em resumo, Madame Bovary reprova Rodolphe, não tanto por ele não corresponder ao amor dela, que é aquilo em que ela acredita conscientemente, mas mais por ele não haver permitido que ela fosse o falo que deveria faltar-lhe, o objeto *a*, que ele deveria desejar.

É por já não se sentir desejada pelo Outro que Madame Bovary chegará à beira da loucura, quando, desarvorada, sai da casa de Rodolphe:

... A loucura assaltava-a, teve medo e chegou a controlar-se, mas confusamente, é verdade; pois não lembrava a causa de seu horrível estado, isto é, a questão do dinheiro. Sofria somente em seu amor e sentia sua alma abandoná-la com aquela lembrança, como os feridos, ao agonizar, sentem a existência esvair-se por sua chaga que sangra (p. 327).

A ESTRUTURA DA HISTERIA em Madame Bovary

Lembremo-nos, então: é no amor que a histérica busca, privilegiadamente, encontrar a razão de seu ser, já que o significante de seu ser de mulher lhe falta. A histérica acredita na existência d'A mulher que prescinde do significante fálico; e ela busca encontrá-la no amor, na relação sexual que a fará A mulher. Mas o que ela encontra no homem é somente o gozo fálico que a decepciona.

As mulheres apostam seu gozo quando entram no jogo do semblante fálico que fazem para o homem[2] e com ele: semblante de uma feminilidade que se esconderia por detrás do brilho fálico dos atributos femininos[3].

Já a histérica não se contenta com o semblante: o amor, para ela, deve ir para além do falo, mas, ao mesmo tempo, não aceita o jogo fálico que o homem propõe; não quer ser objeto de gozo, quer ser sempre causa do desejo, para ter sempre em vista o gozo de ser o falo do Outro, e não apenas objeto de gozo.

Quando a mulher concede em participar do jogo fálico, apesar disso ela não está toda nele: algo do gozo da mulher escapa à castração[4]. Mas é a partir da lógica fálica que ela fará sua sexuação, na qual encontrará sua identidade como mulher[5]. A histérica, recusando-se a jogar o jogo, colocando-se à parte, espera alcançar outro gozo que não o fálico, um gozo completo, total.

---

2. "... Para uma mulher, o ponto visado será o do gozo do homem – genitivo objetivo e subjetivo – que se tratará de fazer existir, com o risco de encarná-lo. Aqui, a mulher procede como na sublimação: o que lhe falta ela cria. Não a partir do nada, mas a partir de uma perda, a do gozo que lhe é próprio e 'que não deve nada, nos diz Lacan, àquele que ela tem ao ser a mulher do homem'. Essa perda é a parada que se arrisca na partida cuja aposta é a existência do gozo do Outro, no caso, o do homem" (MILLOT, C., *NOBODADY a histeria no século*, Rio de Janeiro, Jorge Zahar Editor, 1989, p. 68).

3. "... Este paradoxo se esclarece se se considera que não é ao indiscernível de sua feminilidade que se dirige o desejo do homem, mas que a mulher venha preencher a função desse objeto parcial, até mesmo desse fetiche, que causa seu desejo" (*ibid.*, pp. 68-69).

4. "Nem por isso deixa de acontecer que se ela está excluída pela natureza das coisas, é justamente pelo fato de que, por ser não-toda, ela tem, em relação ao que designa de gozo a função fálica, um gozo suplementar" (LACAN, J., *Seminário XX – Mais ainda*, Rio de Janeiro, Jorge Zahar Editor,1985, p. 99).

5. "... Não é porque ela é não-toda na função fálica que ela deixe de estar nela de todo. Ela não está lá não de todo. Ela está lá à toda. Mas há algo mais" (*ibid.*, p. 100).

Sérgio Scotti

O gozo de ser o falo do Outro é, na verdade, uma forma de se evitar a castração, que está implicada no deixar de sê-lo para tê-lo ou não tê-lo[6]. A histérica como que escamoteia essa questão do ter ou não ter, buscando a identidade sexual, negando a diferença entre os sexos que é uma forma, também, de se negar a castração. Ao se fazer desejada, ela não o faz verdadeiramente como mulher, mas como A mulher que ela acredita poder encarnar, tal como ela procura, no mestre, a exceção à castração no homem. Mas esta, A mulher, só pode aparecer na forma do pequeno *a*, em função mesmo do recalque.

Daí, quando Madame Bovary perde toda sua condição de objeto causa de desejo, ela perde toda possibilidade de colocar-se como sujeito e fica à mercê do gozo do Outro, de Rodolphe, de Lheureux, de Guillaumin.

Sem poder permitir-se buscar refúgio no perdão de Charles, Emma, enlouquecida pela onipresença do Outro que se impunha sem que ela pudesse, enquanto objeto *a*, manter-se à distância pelo desejo insatisfeito, esse Outro, que agora era totalmente dono da situação[7], passou a persegui-la implacavelmente:

> *Pareceu-lhe de repente que globos cor de fogo estouravam no ar como bolas fulminantes achatando-se, e giravam, giravam, para irem fundir-se na neve, entre os galhos das árvores. No meio de cada um deles, a figura de Rodolphe aparecia. Eles multiplicavam-se e se aproximavam, penetravam-na; depois, tudo desapareceu (p. 327).*

Talvez um kleiniano queira ver aí o seio perseguidor. Talvez possamos, com Freud[8], crer que Madame Bovary, identificada a Rodolphe, venha a querer matá-lo matando-se a si própria:

---

6. DOR, J., *Introdução à leitura de Lacan*, Porto Alegre, Artes Médicas, 1989, p. 88.
7. CALLIGARIS, C., *Hipótese sobre o fantasma*, Porto Alegre, Artes Médicas, 1986, pp. 102-105. Veja também LACAN, J., *Seminário XVII – O avesso da psicanálise, op. cit.*, p. 105.
8. FREUD, S., *Obras Completas – Sobre la psicogenesis de um caso de homosexualidad femenina, op. cit.*, v. 3, p. 2555.

A ESTRUTURA DA HISTERIA em Madame Bovary

... num transporte de heroísmo que a tornava quase alegre, desceu correndo a encosta, atravessou a prancha das vacas, o atalho, a alameda, o mercado e chegou diante da loja do farmacêutico (p. 327).

Na loja de Homais, com a ajuda ingênua de Justin, Madame Bovary envenena-se com arsênico:

... pegou o bocal azul, arrancou a rolha, mergulhou a mão e retirando-a cheia de um pó branco pôs-se logo a comê-lo.
— Pare! exclamou ele atirando-se sobre ela.
— Cala a boca! Alguém pode vir...
Ele desesperava-se, queria chamar alguém.
— Não digas nada, tudo recairia sobre teu patrão!
Depois virou-se subitamente calma e quase na serenidade de um dever cumprido (p. 328).

Diríamos que, na passagem ao ato, Madame Bovary encontra o único refúgio para ela, a única forma que encontrou para proteger-se do Outro, o seu último ato como sujeito antes de ser totalmente assujeitada pela ruína, pela cobiça de Lheureux, pela vergonha da castração, pelo desprezo de Rodolphe, pela covardia de Léon e pelo perdão de Charles.

E, no último momento, ainda busca fazer-se causa de desejo, entregando a Charles uma carta para a posteridade, imaginando que iria gozar de uma morte tranqüila e rápida:

— Tu a lerás amanhã; até lá, peço-te, não me faças nem uma única pergunta!... Não, nem uma!
— Mas...
— Oh! Deixa-me!
E estendeu-se totalmente em sua cama.
Um sabor acre que sentia na boca acordou-a. Entreviu Charles e fechou novamente os olhos...

Sérgio Scotti

— Ah! A morte é bem pouca coisa, pensava ela: vou dormir e tudo estará acabado! (p. 329).

Mas Madame Bovary, como dissemos outras tantas vezes, engana-se novamente; pensava encontrar na morte a paz do não desejar:

Ela pensava que acabara com todas as traições, as baixezas e as inumeráveis cobiças que a torturavam. Não odiava ninguém agora; ... (pp. 331-332).

Quando Flaubert terminou a primeira versão de outra obra sua *–Tentation de Saint Antoine –*, apresentou-a a seus amigos literatos Maxime du Camp e Louis Bouilhet. A leitura do manuscrito que, em quatro dias, durou por volta de trinta e duas horas, deu-se na casa de Flaubert. Durante todo o tempo em que leu para os amigos, estes não disseram palavra e respondiam aos questionamentos do escritor com evasivas. Ao fim, o veredito foi cruel: ele deveria jogar o romance ao fogo e dedicar-se a um tema menos vago, mais terra-a-terra, mais banal[9].

Arriscamo-nos a sugerir que *Madame Bovary* é, em parte, o produto da profunda decepção, amargura e ódio que esse episódio desencadeou.

Flaubert, sentindo-se terrivelmente atingido pelo comentário dos amigos, despejou, deslocou, sublimou, à força de seu gênio, todo o seu rancor e amargura, não só na descrição magistralmente dolorosa que faz do suplício de Madame Bovary durante o envenenamento, mas também, segundo nos parece, em todo o romance destila seu fel no tratamento irônico e quase superior que dá à mesquinhez, à hipocrisia e à banalidade de suas personagens. O alvo de Flaubert é a burguesia provinciana, a banalidade do comum sugerida por seus amigos. E esse comum é tratado, pela pena de Flaubert, tal como o

---

9. Cf. apresentação do romance feita pela também tradutora Fúlvia M. L. Moretto, *in Madame Bovary, costumes de província*, São Paulo, Nova Alexandria, 1993, p. 7.

A ESTRUTURA DA HISTERIA em Madame Bovary

bisturi de um cirurgião, que, enchafurdando-se nas vísceras e no sangue de seus pacientes/personagens, satisfaz seu sadismo, elevando-o à qualidade de uma obra-prima da literatura, assemelhando-se, assim, a seu pai, que fora célebre cirurgião.

Como um cirurgião de almas, sentimentos, idéias e paixões, Flaubert, apossando-se do dia-a-dia, do comum, das baixezas e da banalidade que fazem a carne, o sangue e os ossos do humano, transforma-os, com sua pena/bisturi, em uma obra de arte que é a resposta, em parte, à mágoa que seus amigos lhe impuseram. Dizemos sempre *em parte* porque acreditamos que uma obra inteira não pode, nem deve, ser explicada apenas por um episódio isolado, embora esse pudesse ser o começo de outra tese.

Fizemos esse parêntese para que o leitor pudesse apreciar, de outra perspectiva, o gozo que nos parece implícito à dolorosa morte reservada por Flaubert à Madame Bovary.

... Às oito horas os vômitos recomeçaram...
... Ela lançou um grito agudo...
Em seguida ela pôs-se a gemer, a princípio baixinho. Um grande estremecimento sacudia-lhe os ombros e ela tornava-se mais pálida do que o lençol em que se enterravam seus dedos crispados. Seu pulso, irregular, era quase imperceptível agora.

Gotas de suor escorriam em seu rosto azulado que parecia endurecido na exalação de um vapor metálico. Seus dentes batiam, seus olhos arregalados olhavam vagamente ao seu redor... foi tomada de convulsões; exclamou:
— Ah! É atroz, meu Deus!...
Ela não tardou a vomitar sangue. Seus lábios fecharam-se ainda mais. Seus membros estavam crispados, seu corpo coberto de manchas escuras, seu pulso fugia sob os dedos como um fio esticado, como a corda de uma harpa prestes a romper-se (pp. 330-333).

Sérgio Scotti

E o desejo que Madame Bovary esperava morresse enquanto ela dormia torna-se desejo de morte, para terminar a dor do veneno:

... punha-se a gritar horrivelmente. Amaldiçoava o veneno, injuriava-o, suplicava que se apressasse e repelia, com os braços rígidos, tudo o que Charles, mais agonizante do que ela, se esforçava por fazer-lhe beber (p. 333).

Charles, desesperado, mandou chamar o Dr. Canivet, que amputara a perna de Hippolyte, e também o Dr. Larivière. Dr. Larivière parece ser a personificação do pai de Flaubert, que, como podemos supor, teve forte influência sobre o filho, mesmo se opondo à sua carreira literária e desejando que seguisse a advocacia. A figura majestática do Dr. Larivière testemunha a grande importância que a figura paterna deverá ter tido sobre o homem e o escritor Flaubert:

A aparição de um deus não teria causado maior emoção. Bovary levantou as mãos, Canivet parou de repente e Homais retirou seu barrete grego bem antes da entrada do doutor. Pertencia ele à grande escola cirúrgica que saíra do avental de Bichat[10], àquela geração, agora desaparecida, de médicos filósofos que, amando sua arte com um amor fanático, exerciam-na com exaltação e sagacidade! Tudo tremia em seu hospital quando ele se encolerizava e seus alunos o veneravam... (p. 334).

Mas esse mestre da medicina também será vencido por Madame Bovary ou, talvez, pelo seu filho, que se metamorfoseia (como assinalamos antes, Flaubert disse: *Madame Bovary c'est moi*[11]) em sua

---

10. Marie-François-Xavier Bichat (1771-1802), célebre anatomista e fisiologista francês, médico da Santa Casa de Paris (nota do autor).

11. *Madame Bovary sou eu* (a tradução é nossa).

A ESTRUTURA DA HISTERIA em Madame Bovary

personagem. Ela, que havia querido, na morte, escapar ao gozo do Outro, acaba por sofrer o gozo de Flaubert, que, ao descrever seus últimos estertores, parece escarnecer de tudo e de todos, por meio da figura do cego que se havia arrastado até Yonville.

A morte, a castração suprema que atinge a todos inapelavelmente, simboliza-se na foice da canção que o cego entoa enquanto, olhando-se no espelho, Madame Bovary parece despedir-se, pela última vez, de si mesma, de sua própria imagem de mulher, que tanto a fascinava:

> *... pediu seu espelho e permaneceu inclinada sobre ele por algum tempo, até o momento em que grossas lágrimas lhe correram dos olhos. Então inclinou a cabeça para trás com um suspiro e caiu novamente sobre o travesseiro.*
>
> *Seu peito começou logo a arquear rapidamente. A língua saiu-lhe inteiramente da boca; os olhos, ao revirarem, tornavam-se brancos como os globos de uma lâmpada ao se apagarem, a ponto de fazer com que a julgassem morta, sem a assustadora aceleração das costelas, sacudidas por uma respiração violenta, como se a alma desse saltos para soltar-se...*
>
> *De repente, ouviu-se na calçada um ruído de grossos tamancos, com o roçar de um bastão; e uma voz elevou-se, uma voz rouca que cantava:*

> *Souvent la chaleur d'un beau jour*
> *Fait rêver fillete à l'amour.*

> *Emma ergueu-se como um cadáver galvanizado, com os cabelos soltos, as pupilas fixas, a boca aberta.*

> *Pour amasser diligemment*
> *Les épis que la faux moissone,*
> *Ma Nanette va s'inclinant*

Sérgio Scotti

Vers le sillon qui nous la donne[12]

— *O Cego! exclamou ela.*

E Emma pôs-se a rir, com um riso atroz, frenético, desesperado, julgando ver o rosto hediondo do miserável que se erguia nas trevas eternas como um terror.

Il soufla bien fort ce jour-lá
Et le jupon court s'envola![13]

Uma convulsão abateu-a sobre o colchão. Todos se aproximaram. Ela não mais existia (pp. 339-340).

Nesses versos do Cego (note-se que Flaubert se utiliza da maiúscula para referir a exclamação de Emma, o que nos sugere o encontro com a falta da Coisa, o terror da falta do Outro, com o que se procura obturá-la fazendo-se falo), podemos encontrar, de forma poeticamente alusiva, a história de nossa heroína: *uma bela moça no calor dos dias de sua juventude, sonhava com o amor/falo/espigas que, enquanto eram ceifados pela castração, ela ia inclinando-se e amontoando-os no sulco/ferida aberto por ela (pela castração), até que o sopro da morte lhe levantou a saia e ela se viu irremediavelmente castrada.*

Contudo, Madame Bovary ainda continuará a viver para Charles, que se transformará profundamente após sua morte.

Enquanto isso, os outros homens que fizeram parte da vida de Madame Bovary não se abalaram tanto com seu desaparecimento e durante seu enterro:

---

12. Para amontoar diligentemente / As espigas que a foice ceifa / Minha Nanette vai se inclinando / Para o sulco que no-la dá (nota do tradutor).

13. Ventou muito naquele dia/ E a saia curta levantou vôo! (nota do tradutor).

A ESTRUTURA DA HISTERIA em Madame Bovary

O pai Rouault, ... pôs-se tranqüilamente a fumar um cachimbo, o que Homais, em seu foro interior, julgou pouco conveniente. Notou também que o Sr. Binet abstivera-se de comparecer; ... Todos deploravam a morte de Emma, sobretudo Lheureux que não deixara de ir ao enterro. — Esta pobre senhora! Que dor para o marido! (p. 352). Rodolphe, que para distrair-se, andara todo o dia pelos campos, dormia tranqüilamente em seu castelo; e Léon, lá longe, dormia também (p. 353).

Houve, contudo, um pequeno homem, Justin, talvez, para Flaubert, a alma ainda incorrupta da juventude, que,

Sobre a cova, ... despedaçado pelos soluços, ofegava na sombra, sob a pressão de um pesar imenso, mais doce do que a lua e mais insondável do que a noite... (pp. 353-354).

Embora Justin seja um dos únicos personagens homens que, ao se envolver com Madame Bovary, é poupado da caracterização pérfida de Flaubert, ele também a esquecerá:

... Justin fugira para Rouen onde se tornara criado de uma mercearia... (p. 356).

Charles, ao contrário, desde a morte de Emma se foi transformando e parecia querer cultivar, de todas as formas, a lembrança de sua mulher:

Oh! Não, não é verdade! Não, quero conservá-la...
Desejo que a enterrem com seu vestido de casamento, com sapatos brancos, uma grinalda. Seus cabelos serão espalhados sobre os ombros; três caixões, um de carvalho, um de acaju, um de chumbo. Que não me digam nada, terei forças. Colocar-lhe-ão por cima uma grande peça de veludo verde. Desejo-o. Que assim seja feito *(pp. 341-342).*

Sérgio Scotti

Por causa das excentricidades de Charles, que são observadas por Homais, pelo padre e por sua mãe, ele se desentende com todos:

> — *E o senhor tem alguma coisa com isto? exclamou Charles.*
> *Deixe-me! O senhor não a amava! Vá-se embora!...*
> — *Eu o execro, o seu Deus!...*
> *Ao amanhecer, a senhora Bovary mãe chegou; ... Ela tentou, como já o fizera o farmacêutico, fazer algumas observações sobre as despesas do enterro. Ele encolerizou-se de tal forma que ela se calou... (pp. 342-344).*

Ele pediu também que lhe cortassem um pouco de cabelo:

> *Por muito tempo ficou lembrando assim todas as felicidades desaparecidas, suas atitudes, seus gestos, o timbre de sua voz. Após um desespero vinha outro e sempre, ... (p. 347).*

Mesmo depois do enterro, Charles pensava continuamente em Emma, quando recebeu, um dia, o convite para o casamento de Léon e, por acaso, descobriu a carta de despedida que Rodolphe escrevera:

> *... a senhora viúva Dupuis teve a honra de participar-lhe o "casamento do Sr. Léon Dupuis, seu filho, notário em Yvetot, com a senhorita Leocádia Lebouef, de Bondeville". Charles, com as felicitações que lhe enviou, escreveu esta frase:*
> — *Como minha falecida mulher se teria sentido feliz!*
> *Um dia em que, vagando sem objetivo pela casa, ele subira ao sótão, sentiu sob a pantufa uma bolinha de papel fino. Abriu-a e leu: "Coragem Emma! Coragem! Não quero causar o infortúnio de tua existência." Era a carta de Rodolphe, ... Porém, o tom respeitoso da carta iludiu-o.*
> — *Talvez se tenham amado platonicamente, disse a si mesmo...*
> *Todos deviam tê-la adorado, pensava. Todos os homens, com*

A ESTRUTURA DA HISTERIA em Madame Bovary

certeza, a haviam cobiçado. Aquilo a tornou mais bela aos seus olhos; e ele concebeu um desejo permanente, furioso, que inflamava seu desespero e que não tinha limites porque era agora irrealizável (p. 355).

Eis aqui, nas palavras do narrador, o complemento da resposta que no início do capítulo tentamos dar ao motivo de Madame Bovary ter preferido a morte ao perdão de Charles. Também, ao mesmo tempo, temos em Flaubert a formulação mais clara de que o desejo é, como diz Lacan[14], o desejo do Outro. Como histérica, Madame Bovary não poderia sustentar-se sem o desejo do Outro. Aliás, se pensarmos bem, o que sempre desesperou Emma Bovary foi a ausência do desejo que ela esperava encontrar em Charles. O que o tornava insuportável para ela era a permanente satisfação dele; era o fato de que Charles, aos olhos dela, se contentasse com tão pouco; que ele se contentasse com sua vida medíocre de burguês provinciano, naquele amor doméstico e previsível.

Charles representava para Madame Bovary a falta da falta[15]. Algo inconcebível à histérica, que necessita da falta no Outro para identificar-se ao objeto causa de desejo. O quão pouco com que se satisfazia Charles fazia-a cada vez mais sequiosa do desejo do Outro, que deixava de ser Charles, transformado em outro e substituído pelo Outro amante.

Quando, na ruína, Emma já não tinha amantes que a desejassem, somente a possibilidade impensável de tornar-se objeto de gozo de Outro como o notário Guillaumin ou, talvez, pior ainda, objeto de gozo de Outro a quem faltava tudo, pois Charles também estava arruinado, mas com seu perdão magnânimo, se tornaria pleno, apesar de tudo, ao gozar finalmente da entrega de Emma.

---

14. LACAN, J., Propos directifs pour un Congrès sur la sexualité féminine, *in Écrits*, Paris, Ed. Seuil, 1966, p. 733.
15. CABRAL, E e QUIJANO, L., Reflexiones sobre la diferenciación entre locura histérica y psicosis disociativa, *in Histeria y obsesión, op. cit.*, p. 124.

Sérgio Scotti

A alternativa que restou a Madame Bovary foi a morte, com o que, além de evitar o perdão de Charles e sucumbir como sujeito, se fez desejável de novo, justamente por meio do desejo dele. De um ser em que o desejo parecia estar quase ausente[16], após a morte de Emma, Charles transformou-se em um ser quase de puro desejo[17], assemelhando-se e, até mesmo, talvez, superando sua ex-mulher na capacidade de desejar, já que aquilo que ele desejava era o desejo de alguém já morto:

> *Para agradar-lhe, como se ela ainda vivesse, ele adotou suas predileções, suas idéias, comprou botas envernizadas, passou a usar gravatas brancas. Punha cosméticos nos bigodes, assinou promissórias como ela. Ela o corrompia do além-túmulo.*
>
> *Foi obrigado a vender a prataria peça por peça, em seguida vendeu os móveis da sala. Todos os aposentos foram se esvaziando; mas o quarto, o quarto dela permanecera como outrora (p. 356).*
>
> *Uma coisa estranha é que Bovary, mesmo continuamente pensando em Emma, a estava esquecendo; e desesperava-se ao sentir aquela imagem escapar-lhe da memória em meio aos esforços que fazia para retê-la. Todas as noites, todavia, sonhava com ela; era sempre o mesmo sonho; ele aproximava-se dela; porém, quando conseguia abraçá-la, ela desfazia-se em putrefação em seus braços (p. 359).*

No entanto, apesar da luta de Charles contra a debilidade de sua própria memória, Madame Bovary deixou-lhe uma herança de recordações que lhe propiciará uma fonte inesgotável de lembran-

---

16. "Em todos os casos, o *objeto está morto*. Mas, cedo ou tarde, o obsessivo não deixará de fazer a experiência crucial de um objeto morto que não suporta mais representar este papel. O próprio *desses* mortos é que, quanto mais se lhes dá a morte, melhor eles ressuscitam..." (DOR, J., *Estruturas e clínica psicanalítica*, Rio de Janeiro, Taurus Editora, 1994, p. 112).
17. "... o obsessivo pode, aliás, mostrar-se mais histérico que um autêntico sujeito histérico. Pode, com efeito, de forma caricatural, identificar-se com o objeto que ele imagina ser aquele do desejo do outro..." (*ibid.*, p. 113).

A ESTRUTURA DA HISTERIA em Madame Bovary

ças, as quais se tornarão mais importantes até mesmo que sua relação com a mãe.

> *... ele recorreu à sua mãe que consentiu em deixar-lhe hipotecar seus bens porém enviando-lhe um grande número de recriminações contra Emma; e pedia, como compensação pelo seu sacrifício, um chale que escapara à devastação de Félicité[18]. Charles recusou. Brigaram (p. 359).*

Enfim, toda a verdade acaba por se revelar a ele:

> *Por respeito ou por uma espécie de sensualidade que lhe fazia atrasar as investigações, Charles ainda não abrira o compartimento secreto de uma escrivaninha de jacarandá de que Emma se servia habitualmente. Um dia, enfim, sentou-se diante dela, girou a chave e empurrou a mola. Lá estavam todas as cartas de Léon. Não havia mais dúvida desta vez!... O retrato de Rodolphe bateu-lhe em pleno rosto em meio às cartas de amor em desordem.*
> *Seu desalento espantou a todos. Não saía mais, não recebia ninguém, recusava mesmo ir ver seus doentes. Então afirmaram que ele se fechava em casa para beber (pp. 360-361).*

Quando em um dia saiu para vender seu cavalo, que era seu último recurso, ele encontrou Rodolphe:

> *... Charles perdia-se em devaneios diante daquele rosto que ela amara. Parecia-lhe rever alguma coisa dela. Era um deslumbramento. Teria desejado ser aquele homem (p. 361).*

Charles, apesar de sua cólera se manifestar em suas feições,

---

18. Felicité, após a morte da patroa, fugiu levando-lhe todas as roupas.

Sérgio Scotti

engana-se até o último momento:

> *... Ele enrubescia pouco a pouco, as narinas batiam rapidamente, os lábios fremiam; houve mesmo um instante em que Charles, cheio de sombrio furor, fixou os olhos em Rodolphe que, com uma espécie de terror, interrompeu-se. Mas em breve o mesmo cansaço fúnebre apareceu novamente em seu rosto.*
> *— Não lhe quero mal, disse...*
> *— Foi culpa da fatalidade! (p. 362).*

Apesar de toda verdade que "lhe saltou na cara", Charles não quer ver a sua própria verdade, que, supomos, é a verdade do fantasma inconsciente de quem procurava em Emma a mulher decaída, do qual Rodolphe é parte necessária, senão indispensável. Daí que a declaração de Charles pareça surpreendente ao ex-amante de sua falecida mulher:

> *Rodolphe, que conduzira aquela fatalidade, achou-o bem bonachão para um homem em sua situação, cômico mesmo e um pouco vil (p. 362).*

Quanto mais Charles se tinha apartado de todos, mais se apegara à sua filha Berthe, que o achou morto, debaixo do caramanchão, onde tantas vezes Madame Bovary havia encontrado seus amantes. Morreu de amor o homem que mais a desejou, justamente quando ela já não mais existia:

> *Ele tinha a cabeça caída para trás e apoiada no muro, tinha os olhos fechados, a boca aberta e segurava uma longa mecha de cabelos pretos.*
> *— Papai, vem! disse ela.*
> *E, pensando que ele quisesse brincar, empurrou-o suavemente. Ele caiu no chão. Estava morto (p. 362).*

A ESTRUTURA DA HISTERIA em Madame Bovary

Madame Bovary, que buscou escapar ao gozo do Outro por meio da morte, acabou sendo gozada nela pelo último Outro, que é justamente a própria morte e que é, também, ao mesmo tempo, seu criador, Gustave Flaubert. Seu desejo, que ela quis que continuasse vivo em Charles, foi morto por Flaubert. Mas o desejo ainda continuou vivo em Flaubert mesmo, na sua obra e em nós leitores, que seguiremos desejando compreendê-la sem, contudo, nos enredarmos na armadilha histérica, querendo responder a todas as suas questões. Mas, enquanto analistas, deixemos que *Madame Bovary* continue falando por meio de todas as bocas e mentes que a lêem e se apaixonam por ela – a obra, é claro!

Conclusão
Fim da histó(e)ria?

Embora não possamos dizer que tenhamos terminado a análise que se pode realizar sobre a histeria em *Madame Bovary*, impõe-se a nós o momento de concluir nosso trabalho. Após havermos percorrido a obra mais famosa de Flaubert, a que conclusões chegamos?

Talvez o título deste capítulo devesse estar colocado no plural, pois são várias e em diferentes níveis as conclusões que agora nos propomos auferir e comentar.

Para melhor organizar esse comentário, faremos não um resumo exaustivo, mas a retomada de um percurso que desembocou, segundo nos parece, na demonstração de que *Madame Bovary* é um exemplo de estrutura histérica. Ou será que foi Flaubert quem nos demonstrou o que é a histeria?

Neste ponto, tocamos a questão do tratamento que demos ao texto da obra mais famosa de Flaubert. Para retomar o início de nosso percurso, nós começamos por fazer algumas escolhas. Dentre essas escolhas, além do texto propriamente dito, propusemo-nos a trabalhá-lo a partir

A ESTRUTURA DA HISTERIA em Madame Bovary

de um método analítico-descritivo, no qual, apoiando-nos nos conceitos inaugurados por Freud e desenvolvidos por Lacan, buscamos, por meio dos princípios da coerência interna e da recorrência, identificar e articular os elementos da estrutura histérica. Se pensarmos que a estrutura é justamente aquilo que se repete[1], a escolha que fizemos do método se afina com a própria qualidade do objeto que também escolhemos. E o que é que se repete na estrutura histérica, que lhe confere mesmo esse caráter estrutural, manifesto em sua recorrência? Poderíamos até dizer que nossa "escolha" metodológica foi, de certa maneira, constrangida pelo próprio caráter do objeto que se impõe a nós como algo que insistentemente se repete.

O que vimos repetir-se insistentemente na obra de Flaubert – e até mesmo em outras obras suas – foi a insatisfação. E a insatisfação, mais do que manifestação fenomenológica, sintomática da histeria, mostrou-se para nós como elemento estrutural desta. Mas, para que esse aspecto estrutural se revelasse, foi necessário articulá-lo a outros elementos da estrutura. Essa articulação pode mostrar como a insatisfação, se bem que um sofrimento, revela o próprio do desejo na histeria e, ao mesmo tempo, um gozo. Dessa forma, vemos que a recorrência e a coerência interna se entrelaçam quando, para entendermos a repetição de certos elementos, necessitamos reconhecer a relação particular que existe entre eles.

Quando nos prendemos ao texto, não o fizemos somente porque isso nos permitia sempre uma referência segura, mas também porque, de acordo com outros autores[2] e com o próprio ponto de vista lacaniano[3], cremos que a arte explica mais a psicanálise do que o contrário. Além

---

1. "... Eis o essencial do que determina aquilo com que lidamos na exploração do inconsciente – é a repetição" (LACAN, J., *Seminário XVII — O avesso da psicanálise*, Rio de Janeiro, Jorge Zahar Editor, 1992, p. 73).

2. Assistimos ao seminário de Gérard Wajeman, realizado durante novembro e dezembro de 1997 e promovido pela Universidade Paris VIII, cujo título revela tal ponto de vista: *"L'artiste nous précède"* (O artista nos precede).

3. "... Pode-se até dizer por aí que *é a obra de arte que se aplica à psicanálise* e não o inverso. A perspectiva lacaniana portanto inverte, 'subverte' totalmente a prática ordinária das psicologias, mesmo sendo estas de 'inspiração psicanalítica', significando isso apenas que o fator sexualidade é tomado em consideração..." (REGNAULT, F., Essas esquisitices abundantes nos textos psicanalíticos, *in Lacan*, organizador: Gérard Miller, Rio de Janeiro, Jorge Zahar Editor, 1989, p. 132).

Sérgio Scotti

disso, pareceu-nos que o texto em si mesmo nos fornecia material mais que suficiente para encontrarmos nele um belo exemplo da estrutura histérica. Nesse sentido, permanecemos sempre fiéis ao texto, ao ponto de nos vigiar, para que nos permitíssemos deixar Flaubert falar da histeria lá onde, mais do que as nossas palavras, as dele a ilustravam. Claro que o constante entretecimento do nosso texto com o de Flaubert obedecia também à necessidade de que o leitor pudesse acompanhar de perto o desenrolar da trama, ao mesmo tempo que desenvolvíamos nossa articulação daquela com a demonstração conceitual da histeria. Por outro lado, o entretecimento com o texto de Flaubert nos permitia sempre que as nossas argumentações fossem secundadas por excertos daquele, e, vice-versa, estes constantemente nos davam o material de que precisávamos para desenvolvê-las.

Poderíamos ter relacionado, mais amplamente, a biografia de Flaubert à sua obra, o que seria perfeitamente válido e interessante. Contudo, por uma questão de necessidade de se limitar o escopo do trabalho, não o fizemos e, assim agindo, cremos que, mesmo não intencionalmente, demonstramos o alcance da obra de Flaubert[4], independentemente de relacioná-la à sua biografia. Mais do que isso, acreditamos que nosso trabalho talvez tenha mostrado, mesmo aos psicanalistas, quanto a leitura de *Madame Bovary* pode informar-nos sobre a histeria.

Aliás, causou-nos estranheza a quase ausência de trabalhos psicanalíticos sobre *Madame Bovary,* mesmo na França[5]. Talvez o *bovarismo*[6] se configure para muitos – ao menos para os franceses – como obviedade tão grande que não valeria a pena debruçar-se so-

---

4. "Procurar nas obras alguns traços, que informam sobre o autor não é analisar o alcance da obra como tal" (LACAN, J. *Ornicar?* nº 25, p. 15, citado por REGN AULT, F. Essas esquisitices abundantes nos textos psicanalíticos, *in Lacan*, organizador: Gérard Miller, *op. cit.*, p. 133).

5. Citamos como exceção o trabalho não editado (inédito) de Nicolas Jude, *"Une Hysterie Litteraire au Dix-neuvieme Siecle – correspondance entre Marie-Sophie Leroyer de Chantepie et Gustave Flaubert"*, gentilmente colocado à nossa disposição pelo autor, que faz interessante análise da histeria não de *Madame Bovary*, mas de uma leitora sua.

6. Termo cunhado por Jules de Gaultier, filósofo do início do século XX, que o define como "o poder atribuído ao homem de se conceber como outro diferente do que ele é".

225

A ESTRUTURA DA HISTERIA em Madame Bovary

bre ela. No entanto, se é que disso se trata realmente, quem sabe um estrangeiro possa olhar ainda com alguma surpresa para aquilo que salta aos olhos da maioria. Contudo, pode ser que exatamente aquilo que salta aos olhos, o *bovarismo*, esconda uma estrutura que é a da histeria, que nos propusemos revelar.

E então, sempre nos referindo ao texto, foi que nos encontramos com a insatisfação de Madame Bovary (a personagem), o que é também marca do *bovarismo*. Mas, com o olhar e a escuta do analista, encontramos em *Madame Bovary* outras coisas que nos falavam da histeria.

Encontramo-nos repetidamente com a própria questão da histeria: *O que é ser uma mulher?*[7].

Vimos como Madame Bovary tenta responder essa questão, buscando, por intermédio do mestre, encontrar em si mesma "a" mulher. Ela, procurando evitar o encontro com a castração, com a sua própria falta, busca faltar ao Outro, a quem se oferece, então, como falo que obturará o vazio de ambos. Mas, como o Outro sempre lhe escapa, por não corresponder à mestria que a personagem nele supõe, ela se lança na busca de uma série ruinosa de representantes do pai-ideal, que tem como fim sua própria morte.

Com relação a esse aspecto, procuramos demonstrar que, nessa busca pelo mestre, a qual era sempre decepcionante, se vislumbrava a mãe, que, na verdade, representava a Coisa, engendrada pela relação da histérica à linguagem, ao significante que divide o sujeito histérico como desejando o desejo do Outro. Quanto a isso, fizemos referência às idéias de Freud a respeito do psiquismo feminino e de suas conseqüências para a compreensão da histeria.

Neste ponto deverão surgir alguns questionamentos, os quais gostaríamos de antecipar e, se possível, responder.

O primeiro deles é que se fala tanto do pai, do mestre, na questão da histeria e da importância da metáfora paterna, do Nome-do-Pai para a estruturação do próprio sujeito, mas aquilo com que afinal

---

7. LACAN, J., *Seminário III – As psicoses*, Rio de Janeiro, Jorge Zahar Editor, 1985, p. 200.

Sérgio Scotti

nos defrontamos é sempre a mãe[8], o pré-edípico. Se assim acreditássemos realmente, poderíamos cair numa posição na qual se vê, no psiquismo de forma geral e no caso da mulher mais especificamente, um desenvolvimento linear a partir da mãe, do seio, do útero ou quem sabe de onde, quando, na verdade, nos interessa o psiquismo humano e, enquanto tal, aquele que se estrutura a partir da linguagem que reordena e capta toda experiência humana, antes e depois do surgimento do sujeito que depende, ele mesmo, dessa linguagem.

Assim é que, mais do que o pré-edípico, consideramos fundamental o além-do-Édipo[9] desenvolvido por Lacan, no qual aparece a metáfora paterna como momento estruturante do psiquismo tanto do homem quanto da mulher e em que o simbólico passa a ordenar a experiência propriamente humana.

Aí é que encontraremos o verdadeiro significado da função materna, como portadora dos significantes que permitirão ou não que a criança adentre o plano simbólico mais ou menos imperfeitamente. Vê-se, então, que a importância que demos à mãe na compreensão da estrutura histérica deve ser sempre referida à metáfora paterna, na qual realmente o papel da mãe, do pai e do falo adquirem toda sua dimensão estruturante[10]. É claro que, cronologicamente e no nível do contato corporal, a mãe tem presença marcante no início da vida de todo ser humano, mas é no nível do simbólico que a mãe, em sua função humana, exercerá seu maior papel, até porque ela é, como dissemos, a portadora dos significantes que darão à criança a oportunidade de humanizar-se.

---

8. "... Contudo, se nos reportarmos a Freud, a seu discurso de 1921 chamado *Psicologia das massas e análise do eu*, é precisamente a identificação ao pai que é dada como primária. É certamente bem estranho. Freud aponta ali que, de modo absolutamente primordial, o pai revela ser aquele que preside à primeiríssima identificação e nisso precisamente ele é, de maneira privilegiada, aquele que merece o amor.

Isto é bem estranho, certamente, e entra em contradição com tudo que o desenvolvimento da experiência psicanalítca estabelece sobre a primazia da relação da criança com a mãe. Estranha discordância do discurso freudiano com o discurso dos psicanalistas" (LACAN, J., *Seminário XVII – O avesso da psicanálise, op. cit.*, p. 82).

9. *Ibid.*, pp. 81-132.

10. "O papel da mãe é o desejo da mãe..." (*ibid.*, p. 105).

A ESTRUTURA DA HISTERIA em Madame Bovary

Dentre esses significantes destacamos o falo, em torno do qual, como vimos, se ordenará a sexuação da mulher e do homem. Pudemos acompanhar em *Madame Bovary* quanto o falo adquire importância na economia do desejo histérico. E aqui tocamos em outra questão, que gostaríamos de responder, ainda que de forma sucinta. Trata-se da questão da histeria masculina.

Madame Bovary era mulher, mas havia também Léon e, quem sabe, até mesmo Rodolphe, com seu donjuanismo[11]. A histeria é privilégio das mulheres? Se não é[12], por que parece ser mais afeita a elas[13] ou, pelo menos, por que a reconhecemos mais nas mulheres?

Existem mesmo autores que não vêem sentido em se falar de uma histeria masculina[14] ou feminina. Isso faz sentido se pensarmos que o sujeito histérico ainda está preso a uma lógica fálica, que não lhe permite perceber a diferença entre os sexos. A rigor, devemos reconhecer que existe somente uma estrutura histérica, que é repartida entre homens e mulheres. E a questão subjacente

---

11. "Qual seria, entonces, el sentido de 'hacer el hombre' para el hombre histérico sino de hacer el hombre que la histérica plantea como supuestamente sabiendo la mujer (cf. Don Juan)?" (BRUNO, P. *et al.*, 1886-1986: La histeria masculina, *in Histeria y obsesión*, Buenos Aires, Manantial, 1986, p. 110).

12. "Evidentemente, a histeria masculina permanece, ainda em nossos dias, consideravelmente reforçada pelo auxílio de uma dissimulação médica, que é principalmente diagnóstica. A medicina resiste muito em identificar, no homem, esta afecção neurótica que, assim, se beneficia de toda uma série de camuflagens. Como exemplo destes artifícios, encontramos freqüentemente a busca de uma razão exterior ao sintoma, a evidenciação de uma causa 'honrosa'. Tudo se passa como se importasse ir buscar no outro, ou na circunvizinhança exterior, uma causalidade que não existe senão em si mesmo. Neste sentido, compreendemos por que uma das etiologias mais freqüentemente citadas para servir de muralha a esta dissimulação é o *traumatismo*" (DOR, J., *Estruturas e clínica psicanalítica*, Rio de Janeiro, Taurus Ed., 1994, p. 85).

13. "Se há muito mais histéricos-mulheres que histéricos-homens — é um fato de experiência clínica – é porque o caminho da realização simbólica da mulher é mais complicado..." (LACAN, J., *Seminário III – As psicoses*, *op. cit.*, pp. 203-204).

14. "... Nesse sentido, não seguiremos os autores que, a partir de Charcot, têm afirmado a existência de uma suposta histeria masculina, diferente da histeria feminina. Não podemos confirmar suas afirmações pela simples razão de que o problema da histeria reside precisamente na impossibilidade de assumir psiquicamente um sexo definido..." (NASIO, J. D., *A histeria – Teoria e clínica psicanalítica*, Rio de Janeiro, Jorge Zahar Editor, 1991, p. 66).

Sérgio Scotti

a essa estrutura é a mesma para homens e mulheres: *O que é ser uma mulher?*[15].

Talvez mais por injunções sociais do que estruturais, o homem histérico buscará responder essa questão de uma forma, e a mulher, de outra.

Veremos na mulher, como vimos em *Madame Bovary*, a identificação ao olhar masculino, no qual a histérica supõe encontrar a resposta àquela questão, ou, então, veremos no homem, inversamente, a identificação ao olhar feminino, no qual ele supõe encontrar aquilo que a mulher procura no homem.Daí teremos toda uma sintomatologia que vai desde o donjuanismo até a ejaculação precoce, em função da confusão entre desejo e virilidade[16], ao passo que, na mulher, encontraremos a já bastante conhecida sintomatologia histérica, que, por sua vez, vai desde o coquetismo até os mais não tão freqüentes ataques histéricos, que também, diga-se de passagem, não estão totalmente ausentes no homem[17].

É a identificação ao homem, o *fazer o homem*[18], que tem como fim compreender a mulher, o que poderia nos levar, de modo apressado, a atribuir um componente homossexual[19] ao desejo histérico feminino, quando, em verdade, por meio da identificação ao ho-

---

15. "... Há aqui a mesma dissimetria que no Édipo – o histérico, homem e mulher, se põe a mesma questão. A questão do histérico macho concerne também à posição feminina" (LACAN, J., *Seminário III – As psicoses, op. cit.*, p. 204).

16. DOR, J., *Estruturas e clínica psicanalítica, op. cit.*, p. 91.

17. *Ibid.*, p. 86.

18. "... a histeria, ou seja, bancar o homem, como eu disse, por serem por isso *homossexuais* ou em *ex-sexo*, também elas – sendo-lhes daí difícil não sentirem o impasse que consiste no fato de elas se mesmarem no Outro, pois enfim não há necessidade de se saber Outro para sê-lo" (LACAN, J., *Seminário XX – Mais, ainda*, Rio de Janeiro, Jorge Zahar Editor, 1985, p. 114).

19. "Así, en la intersección fenoménica entre 'histeria' y 'homosexualidad' femenina, nos encontramos ya en los orígines del psicoanálisis con una coincidencia que resulta necesario situar. La llamada elección de objeto homosexual, que la identificación viril de la histérica plantea, hace possible una diferencia entre lo que es una estructura clínica y la elección de objeto. Es decir entre aquello que nos permite diferenciar un síntoma de la perversión y el acting-out de una histérica" (BASZ, S.; CHAMORRO, J.; NEPOMIACHI, R. *et al.*, Fenomenos psicoticos y perversos en la cura de la histeria, *in Histeria y obsesión*, Buenos Aires, 1986, p. 215).

229

A ESTRUTURA DA HISTERIA em Madame Bovary

mem, a histérica busca compreender "a" mulher que ela mesma deseja ser, e não porque busque, assim, um objeto de amor do mesmo sexo. No entanto, acreditamos que não se pode negar o fato de que, de uma forma ou de outra, o primeiro objeto de amor de toda mulher, como de toda histérica e de todo ser humano, é a mãe, mesmo que ela venha a ser metaforizada pelo pai e, nesse processo, surja a Coisa (materna), que já não é a mãe propriamente dita. Ainda mais a histérica, na qual vimos que esse processo de metaforização é falho, o que é também uma qualidade estrutural da própria histeria. A questão reside em que, tanto para o homem quanto para a mulher, o pai e a mãe não se colocam como, em si mesmos, numa pretensa realidade objetiva. A objetividade, se quisermos encontrá-la, devemos procurá-la no real psíquico dos homens e das mulheres, no qual intervêm não somente o pai e a mãe, mas também o falo, enquanto representante do desejo e enquanto estabelece uma relação não ternária, mas quaternária no que chamamos antes de *o além-do-Édipo*, de Lacan.

Quando falamos da questão do *fazer o homem* na histeria, tocamos a questão do patológico e do não-patológico, para não dizer do "normal", que é sempre um conceito problemático.

A questão daquilo que é patológico ou não na histeria aparece, inevitavelmente, enquanto a histeria se coloca como forma de liame social[20]. Significa dizer que ela, mais do que uma forma de neurose que nos é comum a todos, revela o sujeito dividido que habita em todos nós e que pergunta ao Outro sobre seu próprio desejo. Quando é, então, que nos encontramos com a histeria que vai além da histeria banal, comum a todos nós?

---

20. "... Mais, ce que Freud a découvert sous le nom d'identification hystérique à un autre en position non d'objet mais de sujet désirant est l'ordre structural. Est-ce une névrose? Lacan répond non.
Epouser de rôles divers, contester des identifications fixes, présenter des 'personnalités multiples' masculines et féminines, n'est pas une maladie, mais un lien social à situer en son contexte, un discours qui tient compte de celui à qui il s'adresse" (JULIEN, P., Le procès de Freud, *in Revue Internationale, La Clinique Lacanienne – L'Hystérie* nº 2, Ramonville-Saint-Agne, Editions Erès, 1997, p. 52).

Sérgio Scotti

Quereríamos sugerir, em concordância com outros[21], que a patologia na histeria se caracteriza a partir do *fazer o homem*, pois, como dizia Lacan[22], quando o(a) histérico(a) se interroga sobre o que é ser uma mulher, é justamente quando ele (ela) não pode ser nem um nem outro. Tanto no homem histérico que *faz o homem* a partir do que ele supõe as mulheres esperam encontrar nele, a mulher histérica *faz o homem* esperando, assim, compreender a mulher, o que revela, em ambos os casos, uma impossibilidade do (da) histérico(a) em reconhecer a diferença dos sexos e, portanto, a castração implícita nela, pois que é a partir da castração que se ordenam os sexos.

Não é que não estejamos, nós todos, ao modo histérico, envolvidos por essa questão; contudo, a patologia começa quando se busca responder essa questão negando a castração, por meio da identificação ao outro sexo, para encontrar o próprio, que somente poderia ser encontrado a partir de uma perda. É como se, na histeria (patológica), a identificação ao desejo que se supõe seja do outro sexo, fosse um viés, por meio do qual se evita a confrontação com o próprio desejo, resultado da castração, pois o que se supõe que o outro sexo deseja é o falo, quando, na verdade, o desejo é sempre desejo do Outro, ou seja, o que o outro sexo deseja realmente é o desejo que o(a) histérico(a) não pode dar. E ele (ela) não pode dá-lo porque seu desejo é sempre o de um desejo insatisfeito que ele (ela) cria ao subtrair-se ao outro como objeto de desejo, já que aquilo que ele(ela) oferece não é seu próprio desejo, mas, sim, o falo, que supõe encarnar, colocando-se, então, como objeto causa de desejo.

Para concluirmos, gostaríamos de abordar a questão ou as novas questões que a histeria nos coloca hoje. Começamos este trabalho com o comentário de um filme. Coincidentemente, na época em que redigíamos estas linhas, assistimos a um filme cujo título era

---

21. Referimo-nos a Luiz Izcovich, do Departamento de Psicanálise da Universidade Paris VIII, em seu curso intitulado *"L'hystérie et la différence des sexes"*, ministrado em novembro e dezembro de 1997.
22. LACAN, J., *Seminário III – As psicoses, op. cit.*, p. 204.

A ESTRUTURA DA HISTERIA em Madame Bovary

Terapia do Prazer[23]. A fita contava a história do casamento de dois jovens apaixonados, no qual a mulher se tratava de uma histérica cuja variada sintomatologia ia desde idéias suicidas até condutas obsessivas. Logo após o casamento, como é muito comum durante a terapia de casal, a jovem histérica confessa a seu marido que nunca experimentou com ele orgasmo que não fosse fingimento, o que provoca reações histéricas na platéia. Como era de se esperar, tal confissão gera crise conjugal, que tem seu clímax quando o jovem marido, desesperado, descobre que sua mulher freqüenta um terapeuta pouco ortodoxo, o qual se utiliza de técnicas tais como a de deitar-se com suas clientes.

Diante da reação furiosa do marido, o primeiro terapeuta declara que sua mulher se tratava de um caso *borderline*, "limítrofe". Em seguida, o jovem marido procura o terapeuta heterodoxo para fazer-lhe ameaças e recebe, como resposta, a explicação de que sua mulher é frígida e não goza com ninguém, além de que sua cura não seria possível por meios psicanalíticos, daí a necessidade de "exercícios" sexuais. O terapeuta também lhe propõe que ele próprio se submeta à terapia para alcançar não somente o orgasmo, mas também o êxtase.

Vê-se que o terapeuta, além de muito autoconfiante, é muito habilidoso, pois não só mantém sua cliente, como ainda consegue, igualmente, que o marido dela se torne um cliente muito dedicado em atingir o êxtase, bem como em ajudar sua mulher a curar-se de sua frigidez.

No fim do filme, para encurtar a história – pois aqui se trata de concluir o estudo, não de iniciar outro –, a paciente tem uma "recordação física" ajudada pelo toque do marido no "ponto sagrado", quando, então, na seqüência, ela se lembra de que foi objeto de sedução sexual por seu próprio pai na infância, o que explica sua "frigidez".

Sem querer, é claro, exercer qualquer censura sobre o filme, que, enquanto tal, tem o direito de explorar conceitos destinados a

---

23. *Terapia do Prazer (Bliss)*, roteiro e direção de Lance Young (EUA 1997), com Craig Sheeffer, Sheryl Lee, Terence Stamp, Casey Siemaszko e Spalding Gray.

Sérgio Scotti

divertir o público, mesmo que de forma equivocada, gostaríamos de destacar alguns aspectos dele que, a nosso ver, revelam algumas questões interessantes sobre a histeria hoje.

À parte a confusão grosseira entre uma mulher que parece ser, na verdade, anorgásmica, e não, absolutamente, frígida – tanto que ela declara obter prazer com o ato sexual –, há outros aspectos os quais nos revelam que, em suma, o filme retrata uma tendência atual: a de negar a histeria.

A declaração do primeiro terapeuta retrata a posição da psiquiatria atual, que nega a histeria sob a nosografia de personalidades múltiplas, *borderlines*, transtornos afetivos[24] etc.

Por outro lado, nega-se a histeria quando se oferece à histérica um mestre que sabe realmente como fazê-la gozar ou, mais do que isso, como fazê-la chegar ao êxtase.

Finalmente, nega-se a histeria quando se credita totalmente sua gênese a uma sedução real, sem fantasia, na qual todo o peso é colocado sobre um evento real que, muitas vezes, nem mesmo corresponde à realidade, dando origem a associações de pais injustamente acusados de sedução sexual por seus filhos, que, em alguns casos, são estimulados por seus próprios terapeutas a fazera denúncia[25].

Mas, afinal, por que se precisa negar a histeria e, com ela, a psicanálise?

Cremos que a resposta está no fato de que a histeria como *neurose de base*[26] revela aquilo que nossa cultura atual busca, de variadas formas, ocultar: que somos seres irremediavelmente divididos e insatisfeitos; que não haverá ciência, arte, farmacologia, tecnologia ou qualquer consumo que evite isso.

E a psicanálise, por sua vez, por que a calar? Justamente porque ela quer deixar a histeria falar, desde o seu começo, com Freud,

---

24. "L'hystérie est une nomination contestée. Disparue depuis le DSM III, elle continue pourtant de qualifier certains symptômes..." (JULIEN, P., *Revue Internationale, La Clinique Lacanienne – L'Hystérie* nº 2, *op. cit.*, p. 52).

25. Informação veiculada pelo programa *Fantástico*, da Rede Globo.

26. ANDRÉ, S., *O que quer uma mulher?*, Rio de Janeiro, Jorge Zahar Editor, 1987, pp. 14-15.

A ESTRUTURA DA HISTERIA em Madame Bovary

se quer que a histérica fale e, com ela, o inconsciente. E o que o discurso da histérica denuncia é: que não há mestre, que não há relação sexual e que não há gozo que nos satisfaça; que estamos condenados a nos questionar sobre os nossos saberes, a nos perguntar eternamente sobre o que é ser mulher e homem, como os relacionar e desejar sempre, já que o gozo e o êxtase sempre estarão em um mais além, que termina com a morte, que, em suma, da castração final ninguém quer saber.

Referências bibliográficas

ADAM, J. *et al.* Primera Clinica Freudiana de las Neurosis. In: *Histeria y obsesión*. Buenos Aires, Manantial, 1987.

ALEGRÍA, B. *et al.* María Estrella Polar: La Moneda Falsa. In: *Histeria y Obsesión*. Buenos Aires, Manantial, 1987.

ANDRÉ, S. *O Que Quer uma Mulher?* Rio de Janeiro, Jorge Zahar Editor, 1996.

ARENAS, A. *et al.* El Otro en la Histeria y la Obsesión. In: *Histeria y obsesión*. Buenos Aires, Manantial, 1987.

BASZ, S. *et al.* Fenómenos Psicóticos y Perversos en la Cura de la Histeria. In: *Histeria y Obsesión*. Buenos Aires, Manantial, 1987.

BERGERET, J. *Personalidade Normal e Patológica*. Porto Alegre, Artes Médicas, 1991.

BLANCARD, M. H. *et al.* Deseo y Goce en la Histérica. In: *Histeria y Obsesión*. Buenos Aires, Manantial, 1987.

BRUNO, P. *et al.* 1886-1986: La Histeria Masculina. In: *Histeria y Obsesión*. Buenos Aires, Manantial, 1987.

A ESTRUTURA DA HISTERIA em Madame Bovary

CALLIGARIS, C. *Hipótese sobre o Fantasma na Cura Psicanalítica*. Porto Alegre, Artes Médicas, 1986.

CAPURRO, R. *et al.* Sobre la Histeria. In: *Histeria y Obsesión*. Buenos Aires, Manantial, 1987.

CHAUVELOT, D. Adieu Dora? *In: L'Hystérie: Revue Internationale* n. 2. Ramonville-Sait-Agne, Editions Erès, 1997.

COELHO, E. P. *Estruturalismo: Antologia de Textos Teóricos*. São Paulo, Martins Fontes, s.d.

COTTET, S. *Freud e o Desejo do Psicanalista*. Rio de Janeiro, Jorge Zahar Editor, 1989.

DAWSON, B. C. *et al.* Pulsion y Fantasma en las Diferentes Estructuras Neuróticas. In: *Histeria y Obsesión*. Buenos Aires, Manantial, 1987.

DOLAR, M. e ZIZEK, S. "... El Más Sublime de los Histéricos". In: *Histeria y Obsesión*. Buenos Aires, Manantial, 1987.

DOLTO, F. *Sexualidade Feminina*. São Paulo, Martins Fontes, 1989.

DOLTO, F. e NASIO, J. D. *A Criança do Espelho*. Porto Alegre, Artes Médicas, 1991.

DOR, J. *Introdução à Leitura de Lacan*. Porto Alegre, Artes Médicas, 1992.

_____. *Estruturas e Clínica Psicanalítica*. Rio de Janeiro, Taurus Editora,1994.

_____. *O Pai e Sua Função em Psicanálise*. Rio de Janeiro, Jorge Zahar Editor, 1991.

FENICHEL, O. *Teoria Psicanalítica das Neuroses*. Rio de Janeiro, Livraria Atheneu, 1981.

FLAUBERT, G. *Bouvard e Pécuchet*. Rio de Janeiro, Nova Fronteira, 1981.

_____. *Educação Sentimental: História de um Moço*. São Paulo, Difel, 1959.

_____. *Madame Bovary*. São Paulo, Nova Alexandria, 1993.

FREUD, S. *Obras Completas: Estudios sobre la Histeria*. Trad. de Lopez Ballesteros Y de Torres, Madrid, Biblioteca Nueva, 1973. vol. 1.

_____. *Obras Completas:Las Neuropsicosis de Defensa*.

_____. *Obras Completas: Proyecto de una Psicologia para Neurólogos, Segunda Parte: Psicopatologia*.

Sérgio Scotti

FREUD, S. *Obras Completas: Nuevas Observaciones sobre las Neuropsicosis de Defensa.*

_____. *Obras Completas: La Etiologia de la Histeria.*

_____. *Obras* Completas: *La Sexualidad en la Etiologia de las Neurosis.*

_____. *Obras Completas: Analisis Fragmentario de una Histeria (Caso Dora).*

_____. *Obras Completas: Tres Ensayos para una Teoria Sexual.* vol. 2.

_____. *Obras Completas: El Delirio e los Sueños en "La Gradiva" de W. Jensen.*

_____. *Obras Completas: El Poeta y los Sueños Diurnos.*

_____. *Obras Completas: Fantasías Histéricas y su Relación con la Bisexualidad.*

_____. *Obras Completas: Generalidades sobre el Ataque Histérico.*

_____. *Obras Completas: La Novela Familiar del Neurótico.*

_____. *Obras Completas: Ejemplos de cómo los Neuróticos Revelan Sus Fantasías Patógenas.*

_____. *Obras Completas: Sobre um Tipo Especial de la Elección de Objeto en el Hombre.*

_____. *Obras Completas: Contribuiciones al Simposio sobre la Masturbación.*

_____. *Obras Completas: Sobre una Degradación General de la Vida Erótica.*

_____. *Obras Completas: Totem y Tatu.*

_____. *Obras Completas: Introducción al Narcismo.*

_____. *Obras Completas: La Represión.*

_____. *Obras Completas: Lo Inconsciente.*

_____. *Obras Completas: Lecciones Introductorias al Psicoanalisis –* Parte III Vías de Formación de Síntomas.

_____. *Obras Completas: Pegan a un Niño. Aportación al Conocimiento de la Génesis de las Perversiones Sexuales.* vol. 3.

_____. *Obras Completas: Mas allá del Principio del Placer.*

A ESTRUTURA DA HISTERIA em Madame Bovary

FREUD, S. *Obras Completas: Sobre la Psicogénesis de un Caso de Homosexualidad Femenina.*

_____. *Obras Completas: Psicologia de las Masas y Analisis del "Yo". La Identificación.*

_____. *Obras Completas: Neurosis y Psicosis.*

_____. *Obras Completas: La Pérdida de la Realidad en la Neurosis y en la Psicosis.*

_____. *Obras Completas: La Disolución del Complejo de Edipo.*

_____. *Obras Completas: Algunas Consecuencias Psíquicas de la Diferencia Sexual Anatómica.*

_____. *Obras Completas: Sobre la Sexualidad Femenina.*

_____. *Obras Completas: La Feminidad in Nuevas Lecciones Introductorias al Psicoanalisis.*

_____. *Obras Completas: Analisis Terminable e Interminable.*

GALLANO, C. *et al.* Los Deberes de la Histérica. In: *Histeria y Obsesión.* Buenos Aires, Manantial, 1987.

GODINO, A. y VIDAL. La Histeria: la Obsesión Amorosa. In: *Histeria y Obsesión.* Buenos Aires, Manantial, 1987.

GREEN, A. *O Complexo de Castração.* Rio de Janeiro, Imago, 1981.

GRIGG, R. La Falta en el Outro. In: *Histeria y Obsesión.* Buenos Aires, Manantial, 1987.

GUALTIER, J. O Bovarismo Essencial da Humanidade. In: *Opção Lacaniana – Revista Brasileira Internacional de Psicanálise*, n. 12, São Paulo, Ed. Eolia, 1995, Pp. 62-69.

HARARI, R. *Fantasma: Fin del Analisis?* Buenos Aires, Nueva Visión, 1990.

JUDE, N. *Une hysterie litteraire au dix-neuvieme siecle: correspondance entre Marie-Sophie Leroyer de Chantepie et Gustave Flaubert.* Trabalho de "DEA" apresentado ao Departamento de Psicanálise da Universidade Paris VIII, 19961997.

JULIEN, P. Le procès de Freud. In: *L 'hystérie: Revue internationale* n. 2, Ramonville-Saint-Agne, Editions Erès, 1997.

JURANVILLE, A. *Lacan e a Filosofia.* Rio de Janeiro, Jorge Zahar Editor, 1987.

Sérgio Scotti

LACAN, J. *Écrits: D'une question préliminaire à tout traitement possible de la psychose.* Paris, Éditions du Seuil, 1966.

_____. *La direction de la cure et les principes de son pouvoir.*

_____. *Propos directifs pour un Congrès sur la sexualité féminine.*

_____. *Escritos: Ideas Directivas para un Congreso sobre la Sexualidad Femenina.* México, Siglo Veintiuno, 1972.

_____. *Seminário I: Os Escritos Técnicos de Freud.* Rio de Janeiro, Jorge Zahar Editor, 1993.

_____. *Seminário III: As Psicoses.* Rio de Janeiro, Jorge Zahar Editor, 1985.

_____. *O Seminário IV: A Relação de Objeto.* Rio de Janeiro, Jorge Zahar Editor, 1995.

_____. *O Seminário VII: A Ética da Psicanálise.* Rio de Janeiro, Jorge Zahar Editor, 1991.

_____. *O Seminário XI: Os Quatro Conceitos Fundamentais da Psicanálise.* Rio de Janeiro, Jorge Zahar Editor, 1988.

_____. *O Seminário XVII: O Avesso da Psicanálise.* Rio de Janeiro, Jorge Zahar Editor, 1992.

_____. *O Seminário XX: Mais Ainda.* Rio de Janeiro, Jorge Zahar Editor, 1985.

LACÔTE, C. Fréquences phobiques, ou l'hystérie ne fait plus son métier. *In: L'hystérie, Revue internationale* n. 2, Ramonville-Saint-Agne, Editions Erès, 1997.

LAPLANCHE, J. *Vocabulário de Psicanálise/Laplanche e Pontalis.* São Paulo, Martins Fontes, 1992.

LAURENT, E *et al.* Lecturas de Dora. In: *Histeria y Obsesión.* Buenos Aires, Manantial, 1987.

LEMOINE, E. y P. *et al.* Estructuras Patológicas y Estructuras de Discurso. In: *Histeria y Obsesión.* Buenos Aires, Manantial, 1987.

LÉTHIER, R. L'Angelus de Dalí. In: *Revue du Littoral* n. 43. Paris, Epel, 1996.

LLOSA, M. V. *A Orgia Perpétua: Flaubert e "Madame Bovary".* Rio de Janeiro, Francisco Alves, 1979.

A ESTRUTURA DA HISTERIA em Madame Bovary

MAESO, G. L. L. *et al.* Consideraciones sobre el Fin del Análisis en una Neurosis Histérica. In: *Histeria y Obsesión.* Buenos Aires, Manantial, 1987.

MALEVAL, J. C. *et al.* Las Variaciones del Campo de la Histeria en Psicoanálisis. In: *Histeria y Obsesión.* Buenos Aires, Manantial, 1987.

MANSUR, G. *et al.* Deseo y Goce en las Estructuras Clinicas de las Neurosis. In: *Histeria y Obsesión.* Buenos Aires, Manantial, 1987.

MAYER, H. *Hysteria.* Buenos Aires, Paidós, 1988.

MELMAN, C. *Novos Estudos sobre Histeria.* Porto Alegre, Artes Médicas, 1985.

MILLER, D. *et al.* El Fantasma en la Histeria. In: *Histeria y Obsesión.* Buenos Aires, Manantial, 1987.

MILLER, G. (org.) *Lacan.* Rio de Janeiro, Jorge Zahar Editor, 1993.

MILLOT, C. *Nobodaddy: A Histeria no Século.* Rio de Janeiro, Jorge Zahar Editor, 1989.

MILLOT, C. *et al.* Deseo y Goce en la Histérica. In: *Histeria y Obsesión.* Buenos Aires, Manantial, 1987.

MOTTA, M. B. Textos reunidos da revista *Ornicar? Clínica Lacaniana: Casos Clínicos do Campo Freudiano.* Rio de Janeiro, Jorge Zahar Editor, 1989.

NASIO, J. D. *Os Olhos de Laura: O Conceito de Objeto A.* Porto Alegre, Artes Médicas, 1991.

_____. *A Histeria: Teoria e Clínica Psicanalítica.* Rio de Janeiro: Jorge Zahar Editor, 1991.

POMMIER, G. *A Exceção Feminina: Os Impasses do Gozo.* Rio de Janeiro, Jorge Zahar Editor, 1991.

QUACKELBEEN, J. *et al.* Entre la Creencia en el Hombre y el Culto de la Mujer. In: *Histeria y Obsesión.* Buenos Aires, Manantial, 1987.

QUINET, A. (org.) *Jacques Lacan: A Psicanálise e Suas Conexões.* Rio de Janeiro, Imago, 1993.

RABANEL, J.-R. *et al.* El Padre de la Histérica y del Obsesivo. In: *Histeria y Obsesión.* Buenos Aires, Manantial, 1987.

SÓFOCLES. *Édipo Rei.* Trad. Geir Campos. São Paulo, Abril Cultural, 1982.

Sérgio Scotti

STEVENS, A. e VEREECKEN, C. La Neurosis Obsesiva, Dialecto de la Histeria. In: *Histeria y Obsesión.* Buenos Aires, Manantial, 1987.

TRILLAT, E. *História da Histeria.* São Paulo, Escuta, 1991.

TYSZLER, J-J. Le Syndrome de la taupe. In: *L'Hystérie: Revue Internationale* n. 2, Ramonville-Saint-Agne, Editions Erès, 1997.

VIVAS, CID H. Freud y la Histérica. In: *Histeria y Obsesión.* Buenos Aires, Manantial, 1987.

WARTEL, R. *et al.* La Culpa del Neurótico. In: *Histeria y Obsesión.* Buenos Aires, Manantial, 1987.

WILLEMART, P. *Universo da Criação Literária.* São Paulo, Edusp, 1993.